혁신지식

생각과 행동을 바꾸는 9가지 지혜

혁신지식

박재윤 지음

KNOWLEDGE FOR INNOVATION

한국경제신문

성공을 부르는 9가지 필요충분조건

태고 이래 인류사회는 끊임없이 발전해왔다. 그런데 발전이 모든 사람에게 좋은 것일까? 반드시 그렇지만은 않다는 게 내 생각이다. 어떤 사람들은 살기가 좋아지지만, 다른 사람들은 도리어 힘들어지기도 한다. 세상이 발전하면 전에 없던 좋은 물건들이 등장해 생활을 편리하게 해주고, 전에 알지 못했던 좋은 곳에도 가볼 수 있어 더 많은 즐거움을 누릴 수 있다. 그러나 이러한 혜택이 전 인류에게 골고루 미치는 것은 아니다. 사회가 발전해가는 과정에서 거기에 맞추어 자신의 발전을 유지할 수 있는 사람은 혜택을 제대로 누릴 수 있다. 하지만 그 속도를 적절히 따라가지 못하는 사람은 발전의 수혜에서 뒤져 오히려 더 불행해진다.

인류사회는 산업사회를 거쳐 지식사회로 발전해가고 있다. 지식사회의 가장 큰 특징이라면 지구상의 모든 정보가 지구상의 모든 사람에게 실시간으로 전달될 수 있다는 점이며, 이는 분명 이전의 산업사회보다 더 살기 좋은 세상의 모습으로 여겨진다. 그러나 전문가들의 분석에 의하면 지식사회의 이러한 혜택을 제대로 누리는 사람은 전체 인류의 20퍼센트에 지나지 않는다고 한다.

그렇다면 우리가 인류의 상위 20퍼센트에 들려면 어떻게 해야 할까? 먼저 인류사회가 오늘날 어떻게 변화하고 있으며 우리가 맞이하는 새로운 사회의 본질이 무엇인가를 정확하게 이해할 필요가 있다. 그래서 이 책은 인류사회의 현주소인 지식사회에 이르기까지의 과정을 간단히 살펴보고, 이전 사회와는 확연히 다른 지식사회의 몇 가지 중요한 특징을 짚어보는 데서 출발한다.

이 책의 궁극적인 주제는 새로운 인류사회의 혜택을 제대로 누리는 승리자가 되기 위해 반드시 필요한 지혜들을 갖추어야 한다는 것이다. 나는 여기에 다음과 같은 9가지 지혜를 제시했다.

첫째, 일생의 비전과 관련된 지혜다. 성공적인 삶을 위해 일생의 비전을 세우고 가다듬는 지혜가 필요함을 설명하고 그러한 지혜를 갖추는 방안을 제시했다. 둘째는 정보력과 관련된 2가지 지혜다. 지식사회에서 성공을 거두기 위해서는 우선 정보를 정확하고 풍부하고 신속하게 수집, 분석, 전달하는 능력을 갖추는 지혜가 필요함을 설명하고 그러한 지혜를 효과적으로 갖추는 방안을 제시했다. 셋째는 창의력과 관련된 3가지 지혜다. 지식사회에서 경쟁력의 핵심이 되는 창의력을 갖추고 발휘하기 위해 필요한 지혜에 대해 설명하고 그러한 지혜를 갖추는 방안을 제시했다. 끝으로 협력과 관련된 3가지 지혜다. 지식사회에서의 성공에 필수적인 다른 사람들과의 협력을 효과적으로 실행하기 위해 필요한 지혜에 대해 설명하고, 그러한 지혜들을 어떻게 갖출 수 있을 것인가를 제시했다.

이상의 9가지 지혜는 종합적이고 실천적이라는 특징을 가지고 있다. 우리의 지혜들은 우리가 일상생활에서 많은 일들을 할 때 필요로 하는 모든 지혜를 종합적, 체계적으로 포함하고 있으므로 크고 작은 현실의 모든 일을 성공적으로 해나가게 해주는 필요충분조건이라고 믿는다. 아울러 9가지 지혜 모두 구체적인 실천방법과 요령까지 제시하였다. 지혜라고 해서 단순히 머릿속에 갖춰두는 것으로 생각해선 안 된다. 의지와 사고만으로는 현실 세계에서 성공할 수 없으며 반드시 행동이 뒤따라야 한다. 이러한 2가지 점에서 이 책은 기존의 수많은 자기계발서와 차별화된다고 보아야 할 것이다.

이 책은 32년간의 회임 기간과 6년간의 산고를 겪은 끝에 탄생했다. 21년간의 대학교수 생활과 5년간의 고위정책인 생활 그리고 6년간의 대학경영인 생활을 하면서, 나는 우리 젊은이들이 어떻게 하면 미래 인류사회에서 승리자가 되어 행복한 삶을 누릴 수 있을까 하는 문제를 늘 고심해왔다. 이후 6년간 미국 두 대학교에서 교환교수 생활을 하면서 그간의 고심과 나름의 해답을 정성 들여 정리한 것이 이 책이다.

우리 젊은이들이 이 책을 통해 앞으로 어떤 사회가 전개될지를 이해하고 9가지 지혜를 모두 갖춘다면, 그리고 성장하는 자녀를 둔 학부모들이 인류사회의 변화를 이해하고 자녀가 이 책에 정리한 지혜들을 갖추도록 도움을 준다면, 아울러 조직의 CEO들이 9가지 지혜를 이해하고 조직의 젊은 구성원들이 이들 지혜를 갖추도록 도움을 준다면 우리 젊은 세대는 장차 행복한 삶을 누릴 수 있으리라고 확신한다. 그렇게 되면, 그리고 또 그렇게 되어야 우리 사회 역시 세계 어느 나라에 못지않은 선진사회로 발전할 수 있으리라 믿는다.

이 책이 나오기까지 많은 분의 도움이 있었다. 아내 김화자는 내가 집필에 전념할 수 있도록 모든 조건을 만들어주고 원고를 열심히 읽어주었다. 네 살 때 "할아버지, 무엇을 연구하세요?"라고 물어보던 외손자 양승재는 열 살이 된 지금까지 외할아버지의 연구에 꾸준히 관심을 보여주었다. 사위 양홍석, 딸 박수현, 아들 박수혁 그리고 며느리 최고운도 끊임없는 관심 속에 좋은 분위기를 만들어주었다.

이 책의 산고를 순탄하게 치르도록 좋은 산실을 만들어준 미국 일리노이기술대학원Illinois Institute of Technology의 류 콜린즈Lew Collens 전 총장과 미국 유타대학교The University of Utah의 돈 와델Don Wardell 학과장에게 깊은 감사의 마음을 전한다. 미국 솔트레이크카운티Salt Lake County의 휘트모어도서관Whitmore Library에도 많은 신세를 졌다. 초고를 읽고 탁월한 의견을 주신 송경복 동문, 박재성 교수, 정영인 교수, 안진원 교수, 전택수 교수, 박영애 선생, 변영애 선생, 이상헌 씨 그리고 박수형 씨에게도 감사드린다. 한경BP의 고광철 사장과 전준석 주간을 비롯해 졸고를 한 권의 책으로 만들어주신 많은 분에게 깊은 감사를 드린다.

이 책이 우리 젊은 세대에게 21세기를 살아가는 데 필요한 탁월한 지혜들을 깊게 심어주기를, 그리하여 그들 모두가 지식사회에서 진정한 의미의 성공을 거두기를 바란다.

2014년 봄의 초입에

미국 솔트레이크시티Salt Lake City에서

박재윤

머리말_성공을 부르는 9가지 필요충분조건 4

21세기는 지식사회다

KNOWLEDGE FOR INNOVATION

"행복한 사람은
과거의 무엇을 기억하고
현재의 무엇을 즐기며,
미래의 무엇을 계획할 것인가를
아는 사람이다."

아놀드 글라스고 ●

● Arnold H. Glasgow(1905~1998). 미국의 기업인이자 진정한 사색가로 불린다. 유머 잡지를 발행하여 전국의 기업들에 팔아 그 내용을 사보에서 활용하도록 하는 사업을 60년 이상 했다. 92세에 《글라소의 우울 파괴Glasow's Gloombusters》를 저술했는데 〈월스트리트저널〉, 〈포브스〉, 〈시카고트리뷴〉을 비롯하여 미국의 많은 주요 언론에서 자주 인용되었다. 또한 〈리더스다이제스트〉 유머 섹션의 고정 기고가이기도 했다.

인류사회는 어떤 길을 걸어왔나

인류사회는 산업사회에서 지식사회로 들어서고 있다. 기업들이 제한된 정보를 기초로 연간 계획을 세우고 이에 따라 제조·판매하던 사회는 막을 내리고, 정보와 지식을 이용해 고객들의 기호 변화를 실시간으로 감지하고 이에 세심하게 반응하는 사회로 발전한 것이다.

인류사회는 원시 채렵사회에서 출발해 농업사회와 산업사회로 점진적인 발전을 이루었는데, 이는 인간이 자연의 제약을 극복해온 과정이라고 할 수 있다. 야생 동식물의 채취와 수렵, 천렵에 의존하던 채렵사회(기원전 3만 8천~기원전 3천 년경)에서는 인간의 생활이 자연의 조건에 완전히 지배되었다. 이에 이은 농업사회(기원전 3천 년경~18세기 중엽)에서는 농사짓는 기술을 개발하고 지역 간 교류를 활성화하면서 자연의 제약을 부분적으로 극복했으나, 여전히 경쟁력의 원천은 자연이 주는 비옥한 토지였다.

그런데 산업사회(18세기 중엽~20세기 말엽)가 시작되면서 여기에 큰 변화가 일어났다. 인류는 자연의 혜택이 아니라 숙련된 노동력과 자본, 기술 등을 경쟁력의 원천으로 삼음으로써 자연의 제약에서 더 많이 벗어났다. 그리고 지금 인류가 진입하고 있는 지식사회(20세기 말엽 이후)에서는 경쟁력의 원천이 정보와 지식으로 옮아가고 있다. 이로써 인류는 이전 어느 때보다 자연의 제약에서 멀어지게 되었다.

정보기술의 발달[1]

인류사회가 지식사회로 발전하는 데에는 다시 말할 필요도 없이 정보기술Information Technology, IT의 발달이 주요한 작용을 했다. 20세기 중엽 컴퓨터가 발명되면서부터 인류사회의 발전은 정보기술로 급격히 집중되는 새로운 양상을 보이게 된다.

정보기술은 자료data를 수집하고, 이를 체계적으로 분석해 정보information를 만들어내고, 이를 저장하고 전달할 때 이용되는 기술을 통틀어 말한다. 여기서 자료는 사실을 기록한 것이고, 정보는 자료를 체계적으로 정리해서 얻은 내용을 말한다. 예컨대, 한 기업의 거래들을 하나하나 기록한 메모지, 영수증, 금전출납부 같은 문서는 자료다. 그런데 이 자료들을 대차대조표나 손익계산서 형식으로 체계적으로 정리하면, 1년간 이 기업의 자산이 얼마나 증가했는지 또는 이 기업이 얼마나 이익을 냈는지를 알려주는 정보를 얻게 된다.

정보기술은 20세기 초엽 이후 산업사회를 이끈 미국을 중심으로 발달해왔다. 19세기 후반부터 타자기, 계산기 등과 같이 정보를 재생하는 기기를 시작으로 신문, 잡지 등 물리적 수송에 의해 정보를 전달하는 인쇄매체와 전보, 전화, 라디오, 텔레비전 등 빔이나 케이블 등에 의해 정보를 전달하는 신호매체들이 속속 등장했다. 그리하여 20세기 중엽에는 이러한 정보기술 기기들이 기업과 개인들에게 널리 보급되었다. 그러다가 1946년에 정보기술의 발달은 새로운 국면으로 접어들었는데, 바로 현대적 의미의 컴퓨터가 발명되었기 때문이다.

1946년에 개발이 완료된 에니악ENIAC과 1951년에 나온 유니박UNIVAC 등을 제1세대 컴퓨터라 칭한다. 이 컴퓨터들은 수천 개의 진공관을 사용했기에 한 대가 방 하나를 차지할 정도였다. 1958년 이후의 제2세대 컴퓨터는 트랜지스터를 사용해 더 작아졌고 더 강력해졌으며, 1964년부터의 제3세대 컴퓨터는 통합회로IC를 사용함으로써 크기가 작아지는 동시에 성능도 더욱 향상되었다.

1971년에는 컴퓨터 전체의 핵심 처리기능을 한 개의 칩에 집적한 마이크로프로세서가 도입되면서 제4세대 컴퓨터 시대를 열었다. 그리고 1981년에는 개인용 컴퓨터personal camputer, PC가 등장해 사람들은 각자의 책상 위에 컴퓨터를 올려놓고 사용하게 되었다. 비슷한 시기에 컴퓨터 네트워크, 즉 무선 기술 그리고 인트라넷과 인터넷의 발전이 시작되었으며 전화, 텔레비전, 음향기기 등의 전통적 도구와 컴퓨터의 융합convergence이 일어났다.

정보기술과 기업경영 및 가계생활[2]

20세기 중엽 컴퓨터가 발명된 이후 인류사회의 발전은 정보화가 급속히 진행되는 새로운 국면을 맞이했다. 정보화란 정보를 수집, 분석, 전달하는 기술이 크게 향상됨으로써 그 정보의 분량, 정확도, 속도에 따라 인간의 활동이 중대한 영향을 받게 되는 현상을 말한다. 바꾸어 말하면 개인이나 기업 또는 정부가 정보기술을 얼마나 효과적으로 활용하느냐에 따라 활동의 성과가 크게 달라지고, 그와 함께 이들이 활동의 모든 측면에서 정보기술에 점점 더 많이 의존하게 되는 현상이라 할 수 있다.

컴퓨터가 처음 발명된 당시 미국 기업들은 연구개발부서에서 제품을 연구하는 데에만 이용했다. 그러다가 1950년대 중반 이후 회계 및 예산 업무를 자동화하는 데 활용하기 시작했다. 컴퓨터를 일종의 기계처럼 여긴 것이다. 이후 1960년부터 1980년까지는 재고통제 등 낮은 수준의 운영 업무부터 생산관리 등 관리 업무에까지 활용폭을 넓혀갔으며, 이윤계획과 인적자원계획 등 전략적 기획 업무를 자동화하는 데에도 활용하기에 이르렀다. 이 시기 기업들은 기업경영을 효율적으로 지지하는 일종의 기술로 컴퓨터를 활용했다.

1980년부터는 기업들이 인트라넷intranet을 구축하기 시작했다. 인트라넷은 한 조직 내의 컴퓨터들을 서로 연결한 네트워크다. 이로써 종업원들이 각종 정보를 광범위하게 공유하고 활용할 수 있게 되어 업무의 효율성이 높아졌다. 이제 기업들은 정보와 정보관리를 기업경영상 중요한 자원과 기술로 인식하게 되었으며, 기업경영을 혁신하는 데 정보기술을 적극적으로 활용하고자 했다.

1995년 이후에는 인터넷 이용이 확산되었다. 인터넷은 조직 내외의 컴퓨터들을 연결한 네트워크다. 이제 기업들은 외부의 원자재 및 중간재 공급자, 아웃소서, 고객 그리고 심지어는 경쟁자들의 컴퓨터까지 포함하는 네트워크를 형성하게 되었다.

정리하자면, 기업에서 컴퓨터의 활용은 각종 업무의 자동화로 효율성을 높이는 단계에서 기업 내부의 정보 공유 단계를 거쳐 외부와의 네트워크를 통한 정보의 교류 확대로 나아간 것이다.

기업과 다른 측면, 즉 가정용 컴퓨터에서도 일련의 변화가 일어났다. 미국에서는 1975년에 처음으로 컴퓨터를 가정의 차고와 작업대에 들여놓았고, 1977년에는 거실로 옮겨 갔다. 컴퓨터와 함께 팔린 가정용 소프트웨어를 보면 1983년까지는 90퍼센트가 게임용이었다. 업무용과 교육용 소프트웨어는 1979년에 비로소 등장했으며, 1984년에 이르러서야 자기계발용 소프트웨어가 가정용 소프트웨어 매출의 50퍼센트를 차지하게 되었다.

1980년대 전반기에는 기업들이 가계들에 온라인 접속을 제공하기 시작하였고, 후반 들어서는 인터넷이 도입되어 가계들의 정보 수집 활동도 급격히 늘어나게 되었다. 특히 1989년부터는 이메일, 전자토론포럼, 전자채팅룸 등이 활성화되면서 가계들이 컴퓨터를 주요한 사교수단으로도 이용하게 되었다.

완전히 새로운 경쟁력의 원천[3]

정보화는 인류사회의 경쟁력의 원천을 바꾸어놓았다. 얼마나 많은 정보를 얼마나 정확하고 빠르게 수집 · 분석 · 전달하느냐가 경쟁력의 원천이 된 것이다. 이러한 변화는 개인, 기업, 국가를 막론하고 모든 측면에서 나타났다. 그러나 1980년대 초부터 20여 년간 정보화가 진행되어 20세기 말엽에 이르자 정보화 능력에서는 점점 차이가 없어지고, 이제는 정보를 활용해서 누가 얼마나 적절한 조치를 취하느냐가 경쟁력을 좌우하게 되었다.

먼저 기업의 경우를 보자. 정보화는 20세기 말엽에 이르러 기업의 경영기조를 '제조하고 판매하는make and sell 것'에서 '감지하고 반응하는sense and respond 것'으로 바꾸어놓았다. 정보화 이전의 산업사회에서는 정보가 대단히 제한되어 있었기 때문에 기업들은 대체로 시장 여건을 연간 단위로 파악하여 이를 기초로 종합적인 연간 계획을 세우고 이에 따라 제조하고 판매하는 경영을 해왔다. 그러나 정보화가 이루어지면서 기업들은 고객은 물론이고 원자재 및 중간재 공급자, 외주자들의 니즈 등 기업 환경이 어떻게 변화하는지를 실시간으로 감지할 수 있게 되었다. 따라서 기업들은 그러한 변화에 즉각적으로 반응하는 경영을 하지 않을 수 없게 되었다. 예컨대 자사의 어떤 제품에 대해 고객들의 수요가 감소하면, 기업은 이를 실시간으로 감지하여 즉각적으로 적절한 조치를 취하게 된 것이다.

이러한 경영기조의 변화는 기업을 여러 측면에서 바꾸어놓았다. 먼저 생산 체제가 '소품종 다량생산'에서 '다품종 소량생산'으로 바뀌었으며, 생산 과정은 '자체조달 방식'에서 '아웃소싱 방식'으로 변화했다. 또한 기업의 운영 방식도 '과업 중심의 특화를 기초로 한 상하 체제'에서 '과정 중심의 팀워크를 기초로 한 네트워크 체제'로 바뀌었다. 이와 함께 기업에서 구성원의 신분도 '전일제 종신직 피용자'에서 '시간제 계약직 동반자'로 점차 바뀌게 되었다.

이러한 과정에서 기업들에게 필요해진 것은 정보를 수집·분석해 변화를 감지하고, 이에 대해 적절한 조치를 취할 수 있는, 즉 적절히 반응할 수 있는 능력이었다. 이것이 바로 지식knowledge이다.

기업들은 20세기 말엽에 이르러 지식이 경쟁력의 원천임을 인식하기 시작했다. 그래서 종업원들이 지식을 창출하고 서로 공유하며 일상 업무에 활용함과 함께 기업 내에 지식을 축적하는 것을 기업경영의 핵심 전략으로 채택하게 되었다. '기업경영의 지식화'를 통해

'지식경영knowledge management'을 지향하게 된 것이다.

이는 가계의 경우도 마찬가지다. 미국에서는 일찍이 대부분 가계가 컴퓨터를 보유했는데 홈 컴퓨터가 네트워크화하자 이로써 얻는 정보를 활용해 생활비를 줄이고 생활의 질을 높이고자 하게 되었다. 따라서 가계들도 정보를 활용해 적절한 조치를 취할 수 있는 능력, 즉 지식을 필요로 하게 되었다.

이처럼 1980년대 초부터 본격적으로 진행된 정보화는 20세기 말엽에 이르러서는 지식화로 진일보했고, 이에 따라 인류사회는 지식사회로 들어섰다. 여기서 지식사회knowledge society는 지식이 경쟁력의 원천이 되는 인류사회를 말한다. 이제 정보를 활용해 더욱 적절한 조치를 취할 줄 아는 개인, 기업 그리고 국가가 인류사회를 선도하게 된 것이다.

지식은 어떤 특징을 갖는가

지식사회에서 경쟁력의 원천이 되는 지식은 기술과는 어떻게 다를까?

첫째, 기술은 토지, 노동, 자본 등 생산 요소들을 결합하는 방식을 말하는 것으로 기왕에 존재하는 물적 요소들에서 생산물을 만들어내는 능력을 일컫는다. 이에 비해 지식은 기왕에 존재하는 물적 요소들은 물론 기왕에 존재하지 않는 것에서도 생산물을 만들어내는 능력을 말한다. 컴퓨터 소프트웨어가 담긴 CD를 예로 들어보자. 여기서 CD 자체는 기술의 산물이다. 기왕에 존재하는 토지, 노동, 자본 등 물적 요소들로 만들어진다. 그러나 CD에 담긴 소프트웨어는 기왕에 존재하는 물적 요소들의 결합이 아니라 지식으로 만들어진다.

둘째, 기술은 주로 물질적인 것을 만들어내는 능력을 말하지만, 지식은 물질적인 것은 물론 정신적인 것을 만들어내는 능력까지도 포함한다. 예컨대, 아름다운 교향곡을 만들어내는 능력은 기술이라 하지 않고 지식이라고 말한다.

지식은 크게 보아 2가지 형태를 취한다. 첫째는 암묵적 지식tacit knowledge이다. 개별적인 경험에 내재하고 개인적 신념, 통찰력, 가치관과 같은 무형의 요소들을 내포하는 개인적 지식을 말한다. 암묵적 지식은 부호화해 표시하거나 말로 설명하는 데 한계가 있으므로 다른 사람, 특히 많은 사람에게 이전하기가 매우 어렵다. 예컨대, 부모가 연필 잡는 방법을 아이에게 직접 보여주는 것은 쉬운 일이나 이를 말로 설명하거나 글로 써서 멀리 있는 사람에게 알려주기는 매우 어렵다. 대부분의 지식은 처음 나타날 때 암묵적 지식의 형태를 취한다. 즉, 어떤 개인이 자신의 경험이나 내재적인 능력을 통해 지식을 얻게 된다.

둘째는 명시적 지식explicit knowledge이다. 암묵적 지식이 자료화된 것으로 암묵적 지식이 공식적인 언어를 통해 명료해진 것을 말한다. 암묵적 지식은 명시적 지식으로 전환됨으로써 다른 사람들에게 이전할 수 있게 된다. 그러나 다시 말할 필요도 없이, 모든 암묵적 지식이 명시적 지식으로 전환될 수 있는 것은 아니다. 그래서 "우리는 우리가 말할 수 있는 것보다 더 많이 알고 있다"[4]라고 말하기도 한다.

지식은 다른 자원과 구별되는 3가지 중요한 특성이 있다. 첫째, 지식은 사용하더라도 그 양이 줄어들지 않는다. 경영인이 회사의 발전을 위해 자신의 지식을 동원해 적절한 조치를 취했을 때, 그의 지식이 사용한 만큼 줄어드는 것이 아니다. 지식은 그대로 남아 있어서 다음에도 얼마든지 다시 사용할 수 있다. 아니, 이번 경험으로 그의 지식이 오히려 증대되었을 수 있다.

둘째, 지식은 남에게 이전하더라도 그 양이 줄어들지 않는다. 어떤 사람이 자신의 지식을 직장 동료나 대학 후배에게 전수했다고 해서 지식이 줄어들지는 않는다. 전수받은 동료나 후배의 지식이 늘어났기 때문에 사회 전체로서는 지식이 오히려 증대되었다고 보아야 한다. 지식은 남과 공유할수록 사회적으로는 증대한다.

셋째, 지식을 사용할 때는 경제학에서 말하는 비용체증의 법칙이 작용하지 않는다. 비용체증의 법칙이란 어떤 생산물의 생산을 늘리기 위해 한 자원의 투입량을 계속 늘려가면 처음에는 대량생산의 이익으로 생산단가가 줄어들지만, 어떤 수준을 넘어서면 투입을 늘린

자원의 가격이 상승하고 이에 따라 생산단가가 상승하게 되는 현상을 말한다. 그러나 지식은 어떤 생산물의 생산을 위해 투입량을 아무리 늘리더라도 가격이 상승하지 않고, 따라서 생산단가도 상승하지 않는다. 오히려 다른 자원을 대체할 수 있는 수준까지 생산단가가 계속 하락할 수 있다. 이러한 특성은 자신이 지식을 사용하거나 남과 공유하더라도 양이 줄지 않는 앞의 2가지 특성에서 연유한다. 지식이야말로 진정한 의미의 무한자산이다.

어떻게 대응할 것인가

KNOWLEDGE FOR INNOVATION

"성공은 최종적인 것이 아니고,
실패는 치명적인 것이 아니다.
중요한 것은 계속하는 용기다."

원스턴 처칠●

● Sir Winston Leonard Spencer Churchill(1874~1965). 1940~1945년과 1951~1955년
두 차례에 걸쳐 영국의 수상을 지냈으며 제2차 세계대전 중 패전의 절벽에서 영국
을 승리로 이끌었다. 정치가이면서도 《말라칸드 야전군 이야기The Story of the
Malakand Field Force》(1898)에서 《영어 사용 국민들의 역사History of the English-
speaking Peoples》(전 4권, 1956~1958)에 이르기까지 수많은 명저를 출판해 1953년
노벨문학상을 받았고, 1963년에는 미국 명예시민권을 얻었다. 천부적인 아마추어
화가로서 《취미로 그림그리기Painting as a Pastime》(1948)를 출간하기도 했다.

경쟁이 달라졌다

글로벌화[1]

지식사회는 이전의 산업사회와 어떤 점이 다를까? 가장 중요한 차이점은 경쟁의 범위가 다르다는 것이다. 인류는 경쟁의 범위가 종전의 개별 국가에서 전 세계로 확대된 사회를 살아가게 되었다. 정보기술의 발달로 사람들은 정보의 범위를 전 세계로 넓혀 변화를 감지하고 축적된 지식을 활용해 광범위하게 대응하게 되었다. 이에 따라 인류사회는 하나의 공동체, 즉 지구촌으로 변화했다. 이처럼 전 세계가 하나의 지구촌으로 변화하는 현상을 글로벌화globalization라고 부른다.

인류사회의 글로벌화는 어제 오늘의 일이 아니다. 인류의 역사는 교역과 교류의 계속적인 증진과 확대의 역사라고 볼 수 있다. 고립된 자급자족적 생활에서 이웃, 인근 지역 그리고 다른 국가로 끊임없이 관계를 확장해왔다. 그러나 글로벌화가 새로운 전기를 맞게 된 것은 1940년대 중반 이후 정보기술 및 운송 기술의 발달과 보급이 시작되고, 1980년대에 접어들어 인류사회가 본격적으로 정보화되면서부터다. 정보화에 의해 세계 각국에서 일어나는 일들에 대해 실시간으로 정보를 입수하게 되자 사람들의 활동 영역이 획기적으로 확대된 것이다. 경제는 물론 문화, 정치에 이르기까지 모든 인류생활이 종전의 지역적, 국가적 제한에서 벗어나 지구적, 세계적 차원으로 확장된 것이다.

글로벌화로 경쟁의 범위가 확대되면서 인류생활에 매우 긍정적인 영향이 생겨났다. 가장 대표적인 예가 경제적 영향이다. 글로벌화는 무역의 확대를 통해 전 지구적인 생산과 소득과 소비를 확대시켜 궁극적으로 인류의 복지 수준을 향상시켰다. 이를 뒷받침하는 연구가 있는데 전 세계 117개국을 네 그룹, 즉 개방적 선진국, 폐쇄적 선진국, 개방적 개도국 그리고 폐쇄적 개도국으로 나누어 1970~1989년의 연평균 성장률을 비교했다. 비교 결과 개방적 선진국은 2.29퍼센트, 폐쇄적 선진국은 0.74퍼센트, 개방적 개도국은 4.49퍼센트 그리고 폐쇄적 개도국은 0.69퍼센트의 성장률을 보인 것으로 나타났다. 즉, 개방적 개도국이 가장 높은 성장률을 보였고, 그다음이 개방적 선진국 그리고 그다음이 폐쇄적 선진국이었으며, 폐쇄적 개도국이 가장 낮은 성장률을 보였다.

글로벌화의 또 하나 큰 영향은 이질 문화의 융합을 가져온다는 것이다. 우리 주변만 보더라도 이는 금방 알 수 있다. 대부분의 우리 고유문화와 미국을 비롯한 서양의 문화가 융합되어 있다. 글로벌화에 따라 세계 각국에서 일어나는 이질적 문화의 융합이 각국의 문화적 차이를 축소시키고 있다. 그러나 그것이 지구상에 현존하는 문화적 다양성을 소멸시킨다고 보기는 어렵다. 일부 전문가들은 오히려 세계적인 문화적 흐름이 지역적인 문화적 틈새를 활성화한다고 주장하고 있다. 이를 글로컬화glocalization라고 하는데, 글로벌과 로컬local의 복합적인 상호작용을 가리키는 말이다. 다시 말해 문화적 동질성이 아니라 문화적 차용이라는 특징이 일어나는 것을 이야기한다.

글로벌화는 인류사회의 정치 구조에도 큰 영향을 미친다. 글로벌화는 서로 다른 국가의 지방정부들 간 연계, 인근 국가들 간의 블록 형성, 전 세계 국가들을 아우르는 국제조직들의 탄생 그리고 NGO들의 국제적 연계 등을 활성화하여 전 세계를 정치적으로도 하나로 묶는 현상을 보인다. 이러한 정치적 글로벌화가 민족국가들의 국내 통치력을 크게 줄이기는 하지만, 그것이 민족국가의 소멸을 초래한다고 볼 수는 없을 것이다.

오늘날의 글로벌화가 더욱 가속화되어 인류의 복지 증진에 계속 기여하기 위해서는 세계 경제가 해결해야 할 중요한 과제가 있다. 바로 국가 간 경제적 불평등의 문제다. 제2차 세계대전 이후 국가 간 경제적 불평등이 심화되었느냐 또는 완화되었느냐에 대해서는 전문가들의 견해가 일치하지 않고 있다. 다만 글로벌화 자체는, 앞서 본 바와 같이, 국가 간 경제적 불평등을 오히려 완화시키는 작용을 한다.

오늘날 경제적 불평등이 존재한다는 사실에 대해서는 누구도 부정할 수 없다. 전 세계 인류의 일정 부분이 기아선상에 있거나 최소한의 인간적 생활을 보장받지 못한 채 살아간다. 이 문제를 선진국들이 주도하고 협력하여 해결해야만 글로벌화를 비롯한 모든 국제질서가 평화롭게 유지될 수 있을 것이다.

초고속화[2]

지식사회의 또 다른 특징은 경쟁의 속도가 다르다는 점이다. 경쟁이 '초고속화' 하는 것이다. 경쟁의 속도가 빨라진다는 것은 경쟁을 할 때 허용되는 시간이 크게 짧아짐을 의미한다. 과거에는 기업이 고객들의 선호가 바뀐 것을 파악하고 새로운 선호에 맞추기까지 어느 정도 시간적인 여유가 있었다. 예컨대 1년 만에 새로운 상품을 만들어내더라도 경쟁 기업들을 충분히 이겨낼 수 있었다. 그러나 지금은 그 속도로는 살아남을 수가 없다. 고객의 수요 변화를 감지하고 2~3개월 이내에 새로운 상품을 만들어내지 못하면 그 기업은 경쟁에서 낙오되기 십상이다.

대개 기업 환경은 소비자들의 기호 변화가 기업들의 공급 변화를 일으키고, 기업들의 공급 변화가 다시 소비자들의 기호 변화를 일으키며 순환한다. 그런데 지식사회에서는 정보화로 인해 이러한 순환이 이전보다 훨씬 빠른 속도로 진행된다. 그래서 경쟁을 위해 기업에 허용되는 시간이 급격히 짧아진 것이다. 기업들, 따라서 기업의 구성원들은 고도의 정보력을 동원해 변화를 실시간으로 감지하고 축적된 지식을 활용해 신속히 대응해야 경쟁에서 살아남을 수 있다.

경쟁의 가속화로 나타나는 대표적인 현상 중 하나가 상품 생명주기의 단축이다. 상품 생명주기는 어떤 상품에 대한 아이디어의 잉태에서 시작해 상품이 개발되고 공급되는 과정을 거쳐, 판매가 증가하다가 감소하여 마침내는 판매를 해도 이윤이 발생하지 않게 되는 시점까지의 기간을 말한다.

상품 생명주기는 그 상품이 창출하는 수입에 따라 개발, 도입, 성장, 성숙 그리고 쇠퇴까지 여러 단계로 나누어진다. 21세기 지식사회에서는 개발 단계 이후의 모든 단계가 급속히 단축됨으로써 상품의 수명이 급속히 짧아졌다. 따라서 상품 생명주기의 모든 단계, 특히 개발 단계에서 급속한 대응이 요구된다. 이런 까닭에 1980년대에 접어들면서 이른바 고속경영high-speed management이 기업경영의 필수 요건으로 등장하게 되었다.

고속경영은 고객에게 상품 또는 서비스를 제공하는 데 소요되는 시간을 단축하는 경영을 말한다. 인류사회가 정보화하면서 기업들은 경쟁의 속도를 높이기 위해, 즉 경쟁을 위해 사용하는 시간을 최소화하기 위해 고속경영을 추구해왔다.

인류사회가 지식사회로 성숙해갈수록 경쟁의 속도는 더욱더 빨라질 것이 자명하다. 즉 경쟁을 위해 사용할 수 있는 시간이 점점 더 짧아질 것이다. 우선 인류생활의 정보화가 가속화됨으로써 기업들은 고객의 수요 변화를 신속히 감지하고 이에 더욱더 민감하게 반응하게 될 것이다. 이에 따라 기업들의 생산체제는 소품종 다량생산에서 다품종 소량생산으로 빠른 속도로 전환되고, 상품 생명주기가 단축될 것이다. 따라서 기업들은 고속경영에 더욱더 박차를 가해야만 할 것이다. 기업이든 개인이든 경쟁을 위해 허용되는 시간이 짧아지므로 시간관리는 기업경영이나 개인생활을 막론하고 더 중요한 과제가 될 것이다.

파트너링[3]

지식사회의 또 다른 중요한 특징은 경쟁의 방식이 달라진다는 점이다. 산업사회의 경쟁자competitor적 방식에서 동반자partner적 방식으로 바뀐다. 산업사회에서는 기업의 구성원들이 과업별로 특화해 숙련된 기능을 경쟁적으로 발휘했다. 그런데 지식사회에서는 기업 구성원들이 하나의 과정 전체를 공동으로 맡는 팀으로 움직인다. 이들은 축적된 지식을 공동으로 동원해 변화에 종합적으로 대응해간다. 이에 따라 동료들 간, 상·하급자 간 그리고 내·외부자 간의 관계가 모두 경쟁자 관계로부터 동반자 관계로 바뀐다. 파트너링partnering이 경쟁 방식이 되는 것이다.

첫째, 산업사회에서는 기업의 구성원들이 자신이 맡은 과업에 대해서만 책임을 지고 그것에 의해서만 평가를 받았다. 그래서 자신의 과업을 동료들보다 좀 더 빨리, 좀 더 잘 해냄으로써 상사에게 인정받는 것을 목표로 했다. 동료 관계가 기본적으로 경쟁자 관계일 수밖에 없었다.

그러나 지식사회에서는 어떤 과업의 과정 전체를 여러 명의 동료로 구성된 팀이 맡는다. 팀워크 체제하에서는 세부적인 과업별로 특화하지 않고 팀원 전체가 전체 과정을 공동으로 맡아 모든 명시적, 암묵적 지식을 동원해 최대의 성과를 거두고자 일하게 된다. 팀원 전체가 공동으로 책임지고, 공동으로 평가받는 것이다. 따라서 팀원들은 서로 경쟁하는 관계에 있을 수 없고 공존공생하는 동반자 관계가 된다.

둘째, 지식사회에서는 상급자leader와 하급자follower 간의 관계도 달라진다. 산업사회에서는 조직의 구성원들이 자신이 특화하고 있는 과업에 숙련되어 있고, 높은 효율성을 발휘하며 과업을 반복적으로 수행하도록 되어 있다. 따라서 상급자의 역할은 하급자에게 지시하고 이들을 통제하는 것이었다. 상급자는 하급자 개개인이 각자의 과업에서 최대의 성과를 내도록 비전을 제시하고 동기를 부여하고 의욕을 고취하고 지원을 제공하는 한편, 행동을 감시하고 의사결정을 제한하는 역할을 했다. 그리고 하급자는 주어진 과업에 특화해 상급자의 지시와 통제에 따라 주어진 과업을 반복적으로 수행하는 존재로 인식되었다. 바꾸어 말하면, 리딩 리더십leading leadership하에서 상급자가 지시·통제하고 하급자가 이를 추종·순응하는 상하관계였다.

그러나 지식사회에서는 상급자와 하급자가 파트너링 리더십 partnering leadership하에서 서로 동반자 관계가 된다. 이는 크게 3가지 요인 때문이다.

첫째, 지식사회에서는 조직의 구성원들이 하나의 과정 전체를 공동으로 담당해 일을 해나가므로 상급자가 하급자들에 대해 개별적으로 과업을 지시하고 행동을 통제하기가 어려워진다. 둘째, 지식사회에서는 조직 구성원들이 지식을 창출하고 확산시키며 활용함으로써 일하게 되는데, 상급자가 하급자들의 이러한 활동을 지시하고 통제하기가 매우 어렵다. 셋째, 지식사회에서는 과거의 고용 관계가 점차 계약 관계로 바뀌는데, 이에 따라 조직 구성원들은 스스로를 전통적인 의미에서 조직의 피용자라고 생각하기보다는 조직으로부터 상당히 자유로운 위치에 있다고 생각하게 된다.

그 밖에도 여러 가지 복합적인 요인들이 있지만, 주로 이와 같은 이유에서 지식사회의 리더십은 리딩 리더십이 아니라 파트너링 리더십이 된다. 이러한 리더십하에서 상급자와 하급자 간 관계는 상하 관계가 아니라 동반자 관계가 될 수밖에 없다. 그래서 지식사회에서는 상급자와 하급자 간 파트너링이 일반화된다.

끝으로 지식사회에서는 기업과 외부자의 관계도 본질적으로 달라진다.

첫째, 기업은 고객에 대해 단순한 일시적 판매자가 되지 않고 지속적이고 장기적인 동반자 관계를 유지하고자 하게 된다. 고객의 니즈와 기호가 수시로 변화하므로 기왕의 고객들과 긴밀한 관계를 유지함으로써 그들의 니즈와 기호 변화에 즉각 부응하기 위해서다.

둘째, 기업은 아웃소싱하는 공급자들과도 안정적이고 편리한 동반자 관계를 유지하고자 하게 된다. 이는 고객과 동반자 관계를 성공적으로 유지하기 위해서다.

셋째, 기업은 경쟁자와도 될 수 있으면 동반자 관계를 유지하고자 하게 된다. 과거 산업사회의 소품종 다량생산 체제하에서 기업들의 경쟁관계는 명시적이고 지속적이었다. 다시 말해 경쟁관계임을 누구나 알 정도였고 관계가 쉽게 바뀌지 않았다. 그러나 지식사회의 다품종 소량생산 체제하에서는 오늘의 경쟁 기업이 내일의 고객이나 공급자 또는 동반자가 될 수 있기에 우호적 관계를 유지하고자 하게 된다.

넷째, 중립적인 관계에 있는 조직의 사람들과도 과거의 무관심한 관계에서 잠재적 동반자 관계로 바뀐다. 지식사회에서는 언제, 어떠한 방식으로 누구와 어떠한 관계가 이루어질 것인가를 알 수 없을 만큼 상황이 가변적이기 때문이다.

앞으로 지식사회가 더욱 성숙함에 따라 대인관계가 더욱더 동반자 관계로 발전하리라는 것을 분명히 알 수 있다. 그러나 이것이 인류사회에서 경쟁이 없어질 것임을 의미하는 것은 아니다. 경쟁 방식이 과거의 경쟁 일변도적 방식에서 경쟁과 협력을 조화하는 동반자적 방식으로 바뀜을 의미할 따름이다. 따라서 앞으로 인류생활에서는 경쟁과 협력을 어떻게 조화하느냐가 누구에게나 중요한 과제가 될 것이다.

합병[4]

지식사회에서 두드러지는 또 하나의 특징은 경쟁의 결과가 다르다는 점이다. 경쟁이 글로벌화하고 초고속화하며 경쟁의 방식이 파트너링으로 변화하는 과정에서 통합consolidation, 합병merger, 인수acquisition 등의 형태로 기업 간 결합combination이 엄청나게 늘어났다. 즉 경쟁력을 갖추지 못한 기업들은 앞서 가는 기업들과 여러 가지 형태로 결합되어야만 하게 된 것이다.

역사적으로 보면, 기업 합병의 물결은 지식사회로 진입하기 이전에도 여러 차례 일어났다. 그러나 1980년대 이후 인류사회가 정보화되기 시작하면서 미국에서 큰 물결을 일으켰다. 이들 합병은 대부분이 규모가 커서 대형 합병megamerger이라는 표현까지 등장했다. 적대적 접수가 주류를 이루었으며, 방어적 접수도 상당수 있었고, 전략적 인수도 있었다.

적대적 접수란 매수기업의 제안에 대해 매도기업이 방어하고 반발해 서로 고소함으로써 법정 투쟁에까지 이르는 경우를 말한다. 이와 달리 양측 간에 협의와 합의가 무난히 이루어지는 경우를 우호적 접수라고 한다. 방어적 접수란 다른 기업의 합병 공격을 피하기 위해 제3의 기업과 합병함으로써 규모를 키우는 등의 방법을 말한다. 그리고 전략적 인수는 전문회사가 만든 기업 합병 모델을 이용해 합병을 추진하는 것이다.

1989년부터 1991년까지는 경기침체로 기업 합병의 물결이 주춤하였으나 1992년에 미국 경기가 회복되기 시작하면서부터 다시 일어났다. 1990년대에는 1980년대보다 훨씬 더 큰 합병의 파고를 이루었다. 2001~2002년에는 불경기로 다시금 주춤했다가 2003년에 경기가 호전되면서, 한편으로는 부동산 투기가 일기 시작하고 다른 한편으로는 차입금을 이용한 기업 합병이 활기를 띠었다. 2000년대 초 기업 합병의 물결은 2003년에 시작되어 2008년에 다시 경기후퇴에 들어갈 때까지 짧은 기간 진행되었는데, 1990년대의 물결과 비슷한 수준이었다.

지식사회가 심화되고 그에 따라 기업 간 경쟁도 더욱 글로벌화하고 초고속화함으로써 더욱 치열해짐에 따라 기업 간 합병은 더 자주, 더 대규모로 일어나 계속 거센 물결을 일으킬 것으로 보인다. 물론 단기적으로는 경기의 부침 등 상황에 따라 일시적으로 중단되고 파고도 달라지겠지만, 근본적으로는 더욱더 그 파고를 높이면서 계속될 것이다.

누가 살아남는가

인류사회가 앞으로 어떻게 발전해갈 것인가 하는 문제는 무엇보다도 지식사회를 불러온 인류의 정보기술이 앞으로 어떻게 발달할지에 가장 큰 영향을 받을 것이다. 현재 시점에서 정보기술의 발달에 관해 몇 가지 전망을 해볼 수 있다.

첫째, 네트워크의 급격한 발전이다. 인류사회는 20세기 말엽에 인터넷 기술의 발달과 보급이 가속화되어 오늘날 사실상 컴퓨터들로 연결된 거대한 전자표피가 전 지구를 감싸게 되었다고 볼 수 있다. 인체의 피부가 외부 정보를 인체에 전달하고 위험 요소들로부터 인체를 보호하는 것처럼, 센서 네트워크와 스마트그리드 같은 네트워크 기술이 지구에 그런 역할을 할 것이다. 네트워크 기술의 발전이 실제로 환경오염과 같은 전 지구적 문제를 점검하고, 전 세계를 통할하는 통신·운송 체제를 형성하며, 범 세계적인 연구개발 체제를 만들어가고 있다. 특히 1994년부터 상용화된 스마트폰은 21세기에 들어와 급격히 대중화되면서, 모바일 컴퓨팅 사회를 열어가고 있다.

둘째, 앞으로 컴퓨터 입력 방식이 다양해질 것이다. 음성, 손동작, 카메라를 통한 눈동자의 움직임 등으로 컴퓨터에 정보를 입력하게 될 것으로 전망된다.

셋째, 앞으로 컴퓨터에는 인공지능이 점점 더 넓게 활용될 것으로 전망된다. 1950년대 중반부터 개발되기 시작한 인공지능 기술은 정보검색, 음성인식, 얼굴인식, 자동번역 등의 형태로 많은 분야에서 이용되고 있는데 앞으로는 이용 범위가 더욱더 확대될 것이다. 결국에는 컴퓨터가 인공지능을 장착해 생각하고 추론하며 학습하는 기능까지 갖출 것으로 전망된다.

넷째, 나노기술의 발달로 반도체가 소형화됨으로써 컴퓨터가 소금 알갱이만큼 아주 작아질 것으로 전망된다. 나노기술은 10억 분의 1미터에 불과한 작은 크기의 각종 물품을 만들어내는 미세가공 기술을 말한다. 컴퓨터의 소형화는 컴퓨터와 다른 기술 간의 융합을 더욱 촉진할 것이다.

다섯째, 앞으로의 컴퓨터는 광학 컴퓨터optical computer가 될 것으로 전망된다. 즉 전자 대신 빛을 사용해서 자료를 처리하게 된다.

여섯째, 전문가들에 의하면 장차 양자역학원리를 이용한 퀀텀 컴퓨터quantum computer가 개발될 것이라 한다. 그러면 지금의 컴퓨터로 1세기가 걸리는 작업을 단지 몇 분 내에 해결할 정도로 연산속도가 빨라진다.

일곱째, 이와 같은 컴퓨터 기술의 발달은 다른 기술과의 융합 영역을 더욱 넓힐 것으로 보인다. 지금까지 디지털 융합digital convergence은 주로 텔레커뮤니케이션, 소비자 전자제품, 오락산업 등을 대상으로 전개되어왔다. 그런데 영역을 더욱 넓혀서 컴퓨터가 대부분 제품에 내장될 것이며, 이는 인류생활 전반에 큰 변혁을 불러일으킬 것이다.

앞으로의 지식, 혁신지식[6]

위와 같은 정보기술의 발달은 지식사회를 더욱 심화시킬 것이다. 사람들이 정보를 더욱 풍부하고 신속하게 이용해 더욱 적절한 조치를 취하고자 함으로써 인류생활이 더욱더 지식에 의존하게 될 것이다. 기업들은 지식경영을 더욱 강화할 것이고, 가계 역시 지식에 더욱 의존하게 될 것이다.

이러한 과정에서 인류사회가 요구하는 지식은 본질이 바뀔 것으로 보인다. 즉, 지금까지의 인류사회가 요구한 지식은 정보를 이용해 적절한 조치를 취할 수 있는 능력이었다. 그러나 앞으로 지식사회가 심화될수록 경쟁력의 원천이 되는 지식은 정보를 이용해 새로운 것을 만들어낼 수 있는 능력이 될 것이다. 다시 말하면, 정보를 이용해 혁신innovation을 가져오는 지식이 요구될 것으로 보인다.

여기서 혁신은 새로운 것을 도입하기 위한 기술technology 또는 절차procedure(이하 기술/절차)의 변화를 말한다. 예컨대 트랜지스터가 진공관을 대체함으로써 성능이 완전히 다른 새로운 컴퓨터 시대를 열었던 것은 기술의 혁신이며, 자동차 판매 방식에 자동차리싱leasing제도가 도입된 것은 절차의 혁신이다.

기술/절차는 세 가지 요소에 영향을 받는다. 기술/절차의 구성 요소와 외부 요인 그리고 외부 여건이다. 구성 요소는 기술/절차를 구성함으로써 기술/절차에 영향을 미치며 기술/절차의 주체가 통제할 수 있는 요소들을 말한다. 외부 요인은 기술/절차를 구성하지는 않지만 그것에 영향을 미치며 기술/절차의 주체가 통제할 수 있는 요소들을 말한다. 그리고 외부 여건은 기술/절차를 구성하지 않으면서 그것에 영향을 미치며 기술/절차의 주체가 통제할 수 없는 요소들을 말한다. 자동차 판매 방식이라는 기술/절차를 예로 들면, 자동차 판매 대리점의 수는 구성 요소라 할 수 있고, 자동차 품질은 외부 요인이라고 할 수 있으며, 소비자의 소득 수준은 외부 여건이라 할 수 있다. 기술/절차를 혁신한다는 것은 기술/절차의 구성 요소를 조정하거나 외부 요인을 조정하거나 외부 여건의 기술/절차에의 반영 방식을 바꾸어서 기술/절차의 성과를 제고하는 것을 말한다.

앞으로는 지식사회가 더욱 심화되어감에 따라 기술/절차의 혁신을 가져오는 지식이 요구될 것이다. 혁신을 가져오는 지식을 혁신지식이라 한다. 앞으로 지식사회에서는 혁신지식 없이는 앞서 나갈 수 없을 것이다. 지식사회가 심화될수록 정보를 이용해 단순히 일을 처리하는 능력, 즉 지식만으로는 경쟁력을 충분히 갖출 수가 없다. 여기에서 한 걸음 더 나아가 정보를 이용해 혁신을 가져오는 능력, 즉 혁신지식을 갖춰야 경쟁력을 확보할 수 있다.

앞으로의 지식사회에서 필요한 혁신지식은 3가지 요소로 만들어진다. 바로 정보력과 창의력 그리고 협력이다.

첫째, 어떤 기술/절차를 혁신하려면 그 구성 요소, 외부 요인, 외부 여건 그리고 그 기술/절차의 성과에 대해 정확하고 풍부하며 신속한 정보가 있어야 한다. 기술/절차에 관련되는 이들 4가지에 관한 정보를 정확하고 풍부하고 신속하게 수집하고 분석하고 전달해야 한다. 이러한 능력을 '정보력'이라 한다.

둘째, 어떤 기술/절차를 혁신하려면, 외부 여건을 적절히 반영하면서 외부 요인과 구성 요소들을 어떻게 통제하고 조정할지에 대한 창의가 있어야 한다. 여기서 창의는 "세상에 나타낸 새로운 정신적 결합"[7]을 말한다. 즉 창의적인 생각 또는 행동은 과거의 것이나 기존의 것을 반복하지 않고 새로운 것이어야 하고, 기존의 것이나 과거의 것을 새롭게 결합한 것이어야 한다. 아울러 개인의 머릿속에 생각으로 머물러서는 안 되고 다른 사람들에게 표현된 것이어야 한다. 이러한 창의를 만들어내는 능력을 '창의력'이라 한다. 결국 기술/절차의 혁신을 위해서는 창의력이 있어야 한다.

셋째, 어떤 기술/절차를 혁신하려면 협력이 필요하다. 지식사회에서는 동료들 간, 상·하급자 간 그리고 내·외부자 간의 관계가 경쟁자 관계로부터 동반자 관계로 바뀜을 앞에서 살펴보았다. 앞으로의 지식사회가 요구할 혁신지식을 위해서는 동료들 간, 상·하급자 간 그리고 내·외부자 간의 협력이 더욱 필요해진다. 혁신지식을 위해 필요한 정보력과 창의력은 개인의 힘만으로는 확보될 수가 없고 모든 사람과의 협력을 통해서만 확보될 수 있기 때문이다. 물론 협력은 그 자체로 인간관계를 아름답게 하고 행복한 사회를 만들기 위해 매우 필요하고 바람직한 삶의 자세이기도 하다.

성공의 한 걸음을 떼라

이제 우리는 지식사회가 요구하는 혁신지식을 갖추기 위해서는 정보력과 창의력과 협력이 필수적으로 요구됨을 알게 되었다. 정보력과 창의력을 확보하고 협력을 도모함으로써 21세기 지식사회에서 성공할 길을 모색하는 것이 본서의 목적이다.

성공이란 무엇인가? 나는 우리가 성취하고자 하는 바를 성취하는 것이 곧 성공이라고 생각한다. 성취하고자 하는 바를 찾아내고 어떠한 원칙 아래 어떠한 계획으로 그것을 성취할까를 구상하는 것을 '비전을 세운다'고 말한다. 이에 대해서는 '지혜 1: 비전을 세우라'에서 자세히 다룰 것이다.

지식사회가 요구하는 혁신지식을 갖추기 위해서는 정보력을 가져야 한다는 것을 앞에서 보았다. 지식사회에서 성공하기 위한 정보력을 갖추려면 정보가 표현되는 언어, 특히 국제어에 대한 구사능력이 있어야 한다. 그리고 오늘날 정보를 수집, 분석하고 전달하는 가장 효율적인 수단인 컴퓨터의 활용에 능통해야 한다. 이에 대해서는 각각 '지혜 2: 바이링구얼이 되라'와 '지혜 3: 컴퓨터를 사랑하라'에서 다룬다.

지식사회가 요구하는 혁신지식을 갖추기 위해서는 창의력을 키워야 한다는 것을 앞에서 보았다. 창의력에는 2가지 형태가 있다. 점진적 창의력incremental creativity과 급진적 창의력radical creativity이다. 점진적 창의력은 기술/절차에 대한 기존의 발상구도paradigm하에서 얻어지는 창의력을 말하고 급진적 창의력은 기존의 발상구도를 탈피하여 새로운 발상구도하에서 얻어지는 창의력을 말한다. 여기서 발상구도는 '어떤 사물·활동·현상에 대한 관념·사고·시각의 윤곽·체계·기초'를 말한다. 여기서 사물은 어떤 개별적인 물체, 활동은 어떤 개별적인 행동 그리고 현상은 이들 사물이나 활동의 집합체를 말한다. 편의상 '일'이라는 표현으로써 이들을 대표하기로 한다. 그리고 관념은 어떤 일의 본질에 대한 인식, 사고는 어떤 일의 전반에 대한 인식 그리고 시각은 어떤 일의 외형에 대한 인식을 말한다. 편의상 '생각'이라는 표현으로써 이들을 대표하기로 한다. 아울러 윤곽은 생각의 기본적인 테두리, 체계는 생각의 전체적인 구성 그리고 기초는 생각을 뒷받침하는 기본을 말한다. 편의상 '틀'이라는 표현으로써 이들을 대표하기로 한다. 간단히 말하면, 발상구도는 '어떤 일에 대한 생각의 틀'을 말한다.

점진적 창의력은 기존의 발상구도하에서 나오는 것이므로 통상 기술/절차의 부분적이고 안정적인 혁신을 가져온다. 이를 점진적 혁신이라고 한다. 그리고 급진적 창의력은 새로운 발상구도하에서 나오는 것이므로 통상 기술/절차의 전면적이고 획기적인 혁신을 가져온다. 이를 급진적 혁신이라 한다. 예컨대, 2000년에 인텔에서 펜티엄III 컴퓨터의 칩 성능을 높여 펜티엄IV를 만들어낸 것은 점진적 창의력에 의한 점진적 혁신이고, 1971년에 IC를 마이크로프로세서로 대체함으로써 제4세대 컴퓨터를 만들어낸 것은 급진적 창의력에 의한 급진적 혁신이다(《그림 1》 참조).

그림 1 ▮ 발상구도, 창의력 그리고 혁신

| 기존의 발상구도 | → | 점진적 창의력 | → | 점진적 혁신 |
| 새로운 발상구도 | → | 급진적 창의력 | → | 급진적 혁신 |

본서는 점진적 창의력에 의한 점진적 혁신이 시계열접근과 횡단면접근에 의해 만들어질 수 있다는 것을 '지혜 4: 시계열로 보라' 와 '지혜 5: 횡단면으로 보라' 에서 설명하고, 급진적 창의력에 의한 급진적 혁신이 역발상에 의해 만들어질 수 있다는 것을 '지혜 6: 역발상을 도모하라' 에서 설명한다.

지식사회가 요구하는 정보력과 창의력을 갖추기 위해서는 협력이 필요하다는 것을 앞에서 보았다. 협력은 대인관계에 따라 그것을 도모하는 방식이 달라진다. 지금까지 편의상 대인관계를 동료들 간(이하에서는 동급관계), 상·하급자 간(이하에서는 상하관계), 그리고 내·외부자 간의 관계로 나누어서 보았다. 내·외부자 간의 관계는 우리 조직의 생산물을 수요하는 수요자와의 관계(이하에서는 수요관계), 우리 조직에 원자재 혹은 중간재를 공급해주는 공급자와의 관계(이하에서는 공급관계), 우리 조직과 같은 생산물을 판매하는 경쟁자와의 관계(이하에서는 경쟁관계) 그리고 우리 조직과 아무런 거래가 없고 경쟁적이지도 않은 중립자와의 관계(이하에서는 중립관계)를 포함한다. 이들 여러 대인관계 중 상하관계를 제외한 나머지 모든 관계는 대등한 관계(이하 대등관계)다.

동급관계에는 두 가지 측면이 있다. 업무 측면에서는 서로 협력해서 일을 잘 하자는 협력적, 즉 비경쟁적 관계에 있지만, 보상 측면에서는 서로 동료들보다 더 많은 보상을 받고자 하는 경쟁적 관계에 있게 된다. 수요관계에도 두 가지 측면이 있다. 우리 조직 생산물의 수량과 품질에 관해서는 우리와 수요자가 모두 많은 수량과 좋은 품질을 희망하는 협력적, 즉 비경쟁적 관계에 있지만, 우리 조직의 생산물의 가격에 대해서는 우리는 되도록 높은 가격을 원하고 수요자는 되도록 낮은 가격을 원하는 경쟁적 관계에 있게 된다. 공급관계도 마찬가지다. 원자재 및 중간재의 수량과 품질에 관해서는 우리와 공급자가 모두 많은 수량과 좋은 품질을 희망하는 비경쟁적 관계에 있지만, 원자재 및 중간재의 가격에 대해서는 우리는 낮은 가격을 원하고 공급자는 높은 가격을 원하는 경쟁적 관계에 있다. 경쟁자와는 다시 말할 필요도 없이 경쟁적 관계에 있고 중립자와는 비경쟁적 관계에 있다.

이상의 여러 대인관계는 비경쟁적 대등관계, 상하관계 그리고 경쟁적 대등관계로 묶을 수 있다. 비경쟁적 대등관계는 업무 측면에서의 동급관계와 수량 및 품질 측면에서의 수요관계 및 공급관계 그리고 중립관계를 포함하고, 경쟁적 대등관계는 보상 측면에서의 동급관계, 가격 측면에서의 수요관계 및 공급관계 그리고 경쟁관계를 포함한다(〈그림 2〉 참조).

그림 2 ┃ 대인관계

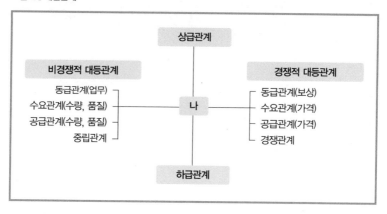

본서는 비경쟁적 대등관계에서의 협력을 위해서는 시너지가 추구되어야 하고, 상하관계에서의 협력을 위해서는 코칭 파트너십이 확립되어야 하며, 경쟁적 대등관계에서의 협력을 위해서는 승승사고가 확립되어야 함을 각각 '지혜 7: 시너지를 추구하라' 와 '지혜 8: 코칭 파트너가 되라' 그리고 '지혜 9: 승승사고를 가지라' 에서 밝힌다.

숙고

우리 인생에서 '심사숙고' 만큼 중요한 말은 없다고 생각한다. 일상생활에서 언제나 심사숙고하는 습관을 길러야 하며, 모든 일에 임할 때 항상 깊이 생각하고 익히 살펴야 한다.

특히 어떤 새로운 일을 시작할 때 그 일에 대해 심사숙고하는 습관을 길러야 한다. 그 일을 할 수 있는 여러 가지 방법을 심사숙고해 찾아내고, 각각의 방법으로 그 일을 했을 때 일의 끝이 어떻게 될 것인가를 심사숙고한 뒤 가장 바람직한 결과를 가져올 방법을 선택해서 시작해야 한다.

여기서 일의 결과가 바람직하다는 것은 결과가 우리 인생의 목표와 철학에 부합한다는 것을 의미한다. 자기 인생의 목표와 철학에 가장 잘 부합하는 결과를 가져올 수 있는 방법을 그야말로 심사숙고한 끝에 선택해서 일을 해나가야 한다.

그러나 가능한 모든 방법을 동원하더라도 결과가 자기 인생의 목표와 철학에 배치될 것으로 예상될 때는 어떻게 해야 할까? 그 일을 하지 않기로 하거나, 결과가 인생의 목표와 철학에 맞도록 또는 적어도 배치^{背馳}되지는 않도록 일 자체를 부분적으로 수정하거나 추진 방법을 새로이 찾아내야 한다. 때에 따라서는 인생의 목표와 철학에 부분적인 수정을 가해야 할 수도 있다. 그야말로 심사숙고가 필요한 것이다. 매사에 일을 시작할 때 그 일의 끝을 심사숙고함으로써 인생의 목표와 철학을 착실히 실현해가는 삶을 살아야 한다.

지식사회에서 성공하기 위한 다짐

지혜 1
비전을 세우라

KNOWLEDGE FOR INNOVATION

"맹인이 되는 것보다
유일하게 더 나쁜 것은
시력을 가졌지만
비전을 가지지 못한 것이다."

헬렌 켈러●

● Helen Adams Keller(1880~1968). 미국의 교육자이자 활동가 및 언론인. 생후 6개월
만에 말을 시작했고 한 살이 되었을 때 걷기 시작했으나, 18개월이 되었을 때 심한
열병으로 시력과 청력을 완전히 잃었다. 일곱 살 때부터 앤 설리번Ann Sullivan(49년
간 켈러를 돌봄)의 도움을 받아 천신만고 끝에 나름의 커뮤니케이션 방법을 습득하
여 스물네 살 때 당시 미국 최고의 여자 명문대학이던 래드클리프대학Radcliff College
을 우수한 성적으로 졸업함으로써 세계 최초의 맹인·농자 학사 학위 취득자가 되
었다. 평생 수많은 강연과 다양한 활동 그리고 값진 저술을 통해 여성과 장애인의
권리와 복지 향상에 역사적인 기여를 했고, 결심과 인내와 노력이 어떻게 역경을 이
길 수 있는가를 세상에 보여주었다. 그녀의 생일인 6월 27일은 미국에서 '헬렌 켈러
의 날'로 기념되고 있다.

인생의 앞을 내다보는, 비전

비전vision을 세운다는 것은 앞을 내다보는 것을 의미한다. 인생을 멀리 내다보고 평생 이 세상에서 어떠한 역할을 할 것이며 그것을 어떻게 해낼 것인가를 구상하고 결심하는 일이다.

인생의 비전은 3가지 요소로 구성된다. 사명mission과 가치value와 계획plan이 그것이다. 사명이란 내가 평생 이 세상에서 어떠한 역할을 할 것인가에 관한 것이고, 가치란 사명을 수행할 때 어떠한 원칙을 지켜갈 것인가에 관한 것이며, 계획이란 사명을 수행하기 위해 어떠한 방법을 취하고 어떠한 시기에 어떠한 목표를 달성하며 그렇게 하기 위해 어떠한 준비를 해갈 것인가에 관한 것이다.

우리는 흔히 어린아이들에게 "너는 자라서 무엇이 되고 싶니?" 하고 물어본다. 그리고 대체로 대학에 입학할 때쯤이면, 예컨대 "나는 장차 대학교수가 되겠다"고 결심하기도 한다. '장차 무엇이 되겠다'고 생각하거나 결심하는 것은 사회인으로서 평생 어떠한 역할을 수행해 사회에 기여할 것인가를 생각하거나 결심하는 것이다. 이것이

방금 말한 3가지 요소 중에서 사명이다. 평생 어떠한 역할을 통해 남에게 기여하겠다고 마음먹을 때, 밑바탕에는 그것이 자기가 이 세상에 태어난 이유라는 인식이 잠재해 있다. 그래서 이를 사명이라고 부른다.

사명에 포함되는 역할은 다양하다. 크게 보면 사회의 한 구성원으로서 사회를 위한 역할, 이웃의 한 사람으로서 이웃을 위한 역할 그리고 가족의 한 구성원으로서 가족을 위한 역할 등이 있다. 예컨대, 어떤 사람이 사회의 한 구성원으로서 유해식품이 판을 치는 세상에서 무해식품회사에서 일해 무해식품을 최대한 공급함으로써 사람들의 건강한 삶에 조금이라도 기여하고자 할 수 있을 것이다. 또 이웃의 한 사람으로서 자기가 사는 마을을 인정 넘치는 정다운 마을로 만드는 데 기여하고, 가장으로서 건전한 가계를 유지해 가족의 행복에 기여하고자 하는 것 등이 사명의 예다.

사람들은 누구나 자신의 삶에서 나름대로 수행하고자 하는 어떤 사명을 가지고 있다. 비전을 세운다는 것은 이를 구체적으로 자각해서 명확히 밝혀내는 것이다. 그것이 무엇이든 평생 수행할 사명이 밝혀지고 설정되어야 인생의 비전을 세울 수 있다.

다음으로, 평생 어떠한 사명을 수행할 것인가를 밝힐 때에는 원칙 역시 함께 생각하고 결심하게 된다. 인생의 사명을 효과적이고 올바른 방법으로 수행하기 위해 지켜나가고자 하는 원칙을 가치라 한다. 평생 소중하게 지켜나가겠다는 뜻에서다.

앞서 예를 들었듯이 어떤 사람이 무해식품을 공급해 사람들의 건강한 삶에 기여하고, 자신이 사는 마을을 정다운 마을로 만드는 데 기여하며, 건전한 가계를 유지해 가족의 행복에 기여하는 것 등을 인생의 사명으로 설정했다고 하자. 그는 이러한 사명을 효과적으로 수행하기 위해 '성실', '열정', '끈기' 등을 인생의 가치로 설정할 수 있다. 또 진정한 의미에서 무해식품을 공급하고 진정한 의미에서 정다운 마을을 만드는 데 기여하며 진정한 의미에서 건전한 가계를 유지하기 위해, 즉 사명을 올바른 방법으로 수행하기 위해 '정직', '진정', '양심' 등을 설정할 수도 있을 것이다.

가치야말로 비전에서 빼놓을 수 없는 중요한 요소다. 인생의 사명을 효과적이고 올바른 방법으로 수행하기 위해서는 평생 지켜나갈 가치가 함께 설정되어야 한다.

끝으로, 인생의 비전을 세우려면 설정한 가치를 지키면서 사명을 잘 수행하기 위한 계획이 있어야 한다. 앞서 예로 든 사람으로 계속 이야기해보자. 그는 우리 사회에 무해식품을 공급하는 사명을 수행하기 위해 식품공학과를 졸업한 뒤 식품회사에 입사해 20년 정도 경험을 쌓고 스스로 식품회사를 만들겠다는 계획을 세울 수 있을 것이다. 여기에는 입사 후 5년 이내에 저명 대학에서 경영석사 학위MBA를 취득하겠다는 계획도 포함시킬 수 있을 것이다. 자신이 사는 마을을 정다운 마을로 만들고자 하는 사명을 수행하기 위해서는 몇몇 뜻 있는 이웃과 협의해 '만나는 사람마다 서로 인사하기 운동'을 펼칠 계획을 세울 수 있을 것이다. 그리고 건전한 가계를 유지하기 위해 가족에게 근검절약을 체질화시키면서 소득의 20퍼센트 이상을 저축하기로 계획을 세울 수 있을 것이다.

인생의 비전은 바로 이러한 과정을 통해 완성된다. 먼저 평생 수행할 사명을 설정하고, 그것을 효과적이고 올바르게 수행하기 위해 지켜나갈 가치를 설정한 후, 그 가치를 지키면서 사명을 수행해나가기 위해 구체적인 계획을 세워야 한다.

기여하기 위한 역할, 사명

사람은 누구나 남에게 기여하기 위해 이 세상에 태어난다. 사람들은 흔히 자기 자신을 위해 산다고 생각하지만, 사실은 그렇지 않다. 잠시 자신의 생활을 되돌아보라. 나 자신만을 위해 하는 일이 얼마나 되는가? 항상 사회의 발전에 참여하고, 이웃을 배려하며, 가족을 위해 헌신하며 살아간다.

이처럼 사람은 누구나 남에게 기여하기 위해 각자 나름대로 역할을 수행하고자 한다. 이러한 역할을 사명이라고 한다. 어떤 역할을 통해 남에게 기여할 수 있다면 그것을 신성한 사명으로 생각해 성실히 수행해야 한다는 뜻에서다.

남에게 기여하기 위해 인생의 사명으로 설정해야 하는 역할에는 여러 가지가 있다.

첫째, 사회인으로서 사회에 기여하기 위해 어떠한 역할을 수행할 것인가를 설정해야 한다. 이때는 자신이 어떠한 역할을 통해 우리 사회에 가장 잘 기여할 수 있겠는가를 나름대로 판단해 사명을 설정하게 될 것이다. 예컨대 앞의 예에서처럼, 기업인 또는 기업의 한 구성원이 되어 우리 사회에 무해식품을 공급해 사람들의 건강한 삶에 기여하는 역할을 인생의 사명으로 설정할 수 있을 것이다. 어떤 사람은 정치인이 되어서 나라를 부강하게 하는 역할을 사명으로 설정할 것이고, 어떤 사람은 의사가 되어 인간을 질병의 고통에서 구하는 역할을 설정할 것이다.

둘째, 이웃의 한 사람으로서 이웃에 기여하기 위해 어떠한 역할을 수행할 것인가를 설정해야 한다. 여기서 말하는 이웃은 매우 넓은 의미다. 같은 동네에 사는 이웃뿐만 아니라 학교 동창을 포함한 친구들, 현재 및 과거의 직장 동료들 그리고 많은 지인을 모두 포함한다. 예컨대 앞의 예에서처럼 마을 이웃으로서 자기가 사는 마을을 정다운 마을로 만드는 것 이외에도, 초·중·고등학교와 대학교 동창들을 포함한 친구들과의 우정을 평생 소중하게 지켜가는 것, 학교 은사님들에게 평생 제자로서의 도리를 다하는 것, 현재 및 과거의 직장 동료들과 좋은 관계를 유지하는 것 그리고 그 밖의 지인들과 적절한 관계를 유지하는 것 등을 사명에 포함시켜야 할 것이다.

셋째, 가족 구성원으로서 가족에게 기여하기 위해 수행해야 할 역할을 인생의 사명으로 설정해야 한다. 즉 가장, 배우자, 부모, 자식, 형제 그리고 친척의 한 사람으로서 역할이다. 예컨대 어떤 사람은 가장으로서 건전한 가계를 유지하는 것, 남편으로서 아내와 더불어 하나의 인생을 살아가는 것, 아버지로서 자식들이 잠재력을 온전히 발휘하도록 최대한 돕는 것 등을 설정할 수 있을 것이다. 그 밖에도 본가와 처가의 부모와 형제들 그리고 멀고 가까운 친척들에게 기여하기 위해 어떠한 역할을 할 것인가를 사명에 포함시킬 수 있을 것이다.

지금까지 이야기한 세 부류의 기여와 역할 중 사회인으로서의 기여와 역할에 대해서는 우리 사회가 정당한 보상을 하는 것이 일반적이다. 기업인 또는 기업의 구성원으로서 기업에서 일하여 사회에 기여한다면, 돈으로 보상을 받는다. 어떤 사람이 국회의원으로서 역할을 충실히 하여 지역 현안에 합리적인 해결 방안을 마련함으로써 사회에 기여했다면, 그는 권력으로 보상을 받는다. 또 학자로서 탁월한 이론을 개발해 인류의 행복에 기여했다면, 그는 많은 사람에게 존경이라는 명예로운 보상을 받는다.

이러한 사회적 역할 및 기여와 이에 대한 사회적 보상과 관련해서 주의해야 할 점이 몇 가지 있다. 첫째, 사람들은 흔히 돈, 권력, 명예 등을 평생의 목표로 하여 추구하는 경향이 있다. 물론 이러한 생각이 틀린 것은 아니다. 왜냐하면 정상적이고 발전된 사회에서는 이러한 보상이 남에게 가치 있는 일을 한 경우에만 주어지기 때문이다. 이들을 추구한다는 것은 남에게 기여한다는 의미가 된다. 그렇지만 돈, 권력, 명예 같은 보상 자체를 인생의 사명으로 삼기보다 남에게 기여하기 위해 어떠한 역할을 함으로써 이러한 보상을 얻게 되리라고 생각하는 것이 바람직하다. 그래야만 올바른 방법으로 보상을 추구하게 된다. 예컨대 기업인들이 탈세를 하는 경우를 보자. 만약 그들이 부를 축적하는 것 자체를 인생의 사명으로 설정하지 않고, 사람들에게 좋은 상품을 공급하는 역할을 사명으로 설정하고 그러한 사명을 충실히 수행함으로써 부의 축적이라는 보상을 기대한다면 탈세 같은 방법을 선택하지는 않을 것이다.

둘째, 사명을 수행함으로써 주어지는 돈, 권력, 명예는 그중 하나만을 선택하는 것이 바람직하다. 이것들 각각은 남에게 기여를 한 데 대해서 주어지는 보상이라는 점에서는 같지만, 앞서 봤듯이 기여의 분야가 다르다. 이를 동시에 추구하기 위해서는 서로 다른 기여를 동시에 해야 하는데, 이런 일은 현실적으로 불가능하다. 따라서 이 3가지 보상 중 둘이나 셋을 얻으려 한다면, 사회적으로 바람직하지 못한 방법을 동원할 수밖에 없다. 그러니 자신이 정말 소중하게 생각하는 하나의 기여를 충실히 함으로써 돈, 권력, 명예 중 하나를 정당한 방법으로 얻고자 해야 한다.

셋째, 오늘날 대부분의 사람은 어떤 조직에 속해 생활하고 일하고 있다. 그러므로 조직의 사명과 개인의 사명 간 관계를 생각해보아야 한다. 결론부터 말하자면, 조직의 사명과 개인의 사명이 일치하는 것이 가장 바람직하다는 것이다. 만약 자신이 추구하는 사명과 자신이 속한 조직의 사명이 현저히 다르다면, 그 인생은 상당한 어려움에 처하게 될 것이다.

그러므로 처음부터 자신이 생각한바 사회인으로서의 사명을 가장 잘 실현할 수 있는 조직을 선택하려고 노력해야 한다. 혹시 뒤늦게 자신의 사명과 조직의 사명이 다르다는 것을 발견했다면 어떻게 해야 할까? 조직을 옮길 수도 있을 것이고, 자신의 사명을 조직의 사명에 근접시키고자 노력할 수도 있을 것이다. 좀 더 용기 있고 소신 있는 사람이라면 조직이 추구하는 사명을 바꾸려고 노력할 수도 있을 것이다. 아무튼 조직의 사명과 자신의 사명이 다른 것은 매우 불행한 일이다. 어떠한 방법으로든 이를 일치시키고자 노력해야 사명을 효과적이고 올바르게 수행할 수 있다.

삶의 원칙, 가치

앞서 짚었듯이, 인생의 비전에는 사명을 효과적이고 올바른 방법으로 수행하기 위해 지켜야 할 원칙(들), 즉 가치를 포함시켜야 한다. 모든 개인이 자신이 이 세상에 존재하는 이유라고 생각하는 역할을 사명으로 설정하는 것과 마찬가지로, 사명을 수행해나갈 때 소중하게 지켜야겠다고 생각하는 원칙들을 자신의 가치로 설정하는 것이다.

인생의 비전에서 가치가 필요한 것은 2가지 이유에서다. 첫째, 사명을 효과적으로 수행하기 위해서다. 그러기 위해 먼저 사회인, 이웃 그리고 가족으로서 여러 가지 사명을 수행해나가기 위해 어떠한 원칙들을 세울 때 효과적일지를 검토해야 한다. 예컨대 앞에서 예로 든 사람은 무해식품을 공급할 때 싸구려 유해식품을 이겨내려면 무해식품의 품질을 유지하면서 가격을 낮추기 위한 연구개발이 꾸준히 이루어져야 한다고 생각할 수 있다. 그래서 사명의 효과적 수행을 위한 가치의 하나로 '끈기'를 설정할 수 있을 것이다. 그리고 정다운 마을로 만드는 사명을 수행하려면 무엇보다도 열정을 가지고 임해야 한다고 생각해 가치의 하나로 '열정'을 설정할 수 있을 것이다. 또 건전한 가계의 유지라는 사명을 수행하는 데는 소득과 저축 등 가계와 관련된 모든 활동에 성실하게 임하는 것이 가장 필요하다고 판단해 '성실'이라는 가치를 설정할 수 있을 것이다.

둘째, 사명을 올바른 방법으로 수행하기 위해서다. 사명을 수행할 때 법률적으로 허용되지 않는 방법을 쓰거나 도덕적으로 용납되지 않는 편법을 동원하는 일이 없도록 하기 위해서다. 예컨대, 무해식품을 공급하는 사명을 충실히 수행하려면 무엇보다 그와 그의 조직이 매사에 양심을 가지고 임해야 한다고 생각해 가치의 하나로 '양심'을 설정할 수 있을 것이다. 정다운 마을로 만들고자 하는 사명을 수행할 때는 마을 사람들에게 인정을 베푸는 데 진정성이 있어야 한다고 판단해 '진정'을, 건전한 가계의 유지를 올바른 방법으로 이루고자 하는 가장은 '정직'을 가치로 설정할 수 있을 것이다.

지금까지의 설명에서 알 수 있는 바와 같이, 비전에서 가치를 설정할 때는 사명을 효과적으로 수행하는 데 필요한 가치와 올바른 방법으로 수행하는 데 필요한 가치를 함께 고려해야 한다. 그런데 만일 이 두 부류의 가치가 서로 충돌할 때는 어떻게 해야 할까? 예컨대 사명을 효과적으로 수행하기 위해서는 '신속', '속전속결' 등을 가치로 설정해야 하지만, 올바른 방법으로 수행하기 위해서는 '신중', '심사숙고' 등을 가치로 설정해야 할 수도 있을 것이다. 이때는 대부분의 경우 후자를 우선해야 한다. 일을 효과적으로 하는 것보다는 올바른 방법으로 하는 것이 더 중요하기 때문이다. 사명의 효과적 수행을 위한 가치뿐만 아니라 올바른 수행을 위한 가치를 항상 함께 고려해야 하는 이유가 바로 여기에 있다.

비전을 현실화하는 동력, 계획

인생의 사명을 설정하고 그것을 효과적이고 올바르게 수행하기 위한 가치들을 찾은 다음에는, 그 가치들을 충실히 지키면서 사명을 수행하기 위한 계획을 세워야 한다. 비전의 계획에는 크게 보아 3가지 내용이 담겨야 한다.

첫째, 사명을 수행하기 위한 구체적인 방법이 담겨야 한다. 사명을 생각할 때는 다소 추상적인 차원에서 접근하게 되는데, 이를 실제로 수행하려면 더 구체적인 방법을 찾아야 한다. 예컨대 지금까지의 예에서 무해식품의 공급을 사명으로 설정한 사람은, 그의 사명을 수행하기 위해 대학에서 식품공학을 전공한 후 식품회사에 취직해 무해식품의 연구ㆍ개발부터 시작하는 방법을 택할 수 있다. 어느 단계에 이르면 자신이 식품회사를 설립해 무해식품을 본격적으로 공급하는 방법을 택할 수 있을 것이다. 정다운 마을의 건설이라는 사명을 수행하기 위해서는 뜻있는 몇몇 이웃과 힘을 모아 만나는 사람들 간에 인사하기 운동을 전개한다는 계획을 세울 수 있을 것이다. 그리고 가장으로서 건전한 가계의 유지라는 사명을 수행하기 위해서는 가족 모두 근검절약을 체질화하면서 소득의 20퍼센트 이상을 저축한다는 계획을 세울 수 있을 것이다.

둘째, 단계별 또는 시기별 목표가 담겨야 한다. 그래야만 이를 달성하고자 노력하는 과정에서 사명이 효과적으로 수행될 수 있다. 예컨대, 무해식품의 공급을 사명으로 설정한 사람은 다음과 같은 시기별 계획을 세울 수 있을 것이다. '23세까지 군대를 갔다 온 뒤 대학을 마치고 무해식품회사에 취직하고, 입사 후 10년(35세)까지 과장으로 승진하고 연봉을 6천만 원으로 올리며, 다시 10년 후(45세)까지는 부장으로 승진하고 연봉을 1억 원으로 올리고, 또다시 10년 후(55세)까지는 임원(사장 포함)이 되고 연봉을 1억 5천만 원으로 올리겠다.' 또는 시기별로 이런 계획을 세울 수도 있다. '입사 후 20년의 직장생

활 경험을 쌓은 뒤 45세에 조그맣게나마 내 회사를 창업하겠다.'

정다운 마을의 건설이라는 사명을 수행하기 위해 인사하기 운동을 하고자 한다면, 마을 인구 중 현재 10퍼센트 미만인 인사하는 사람의 비율을 해마다 20퍼센트씩 늘려서 5년 이내에 마을 인구 전체가 인사를 나누도록 한다는 계획을 세울 수 있을 것이다. 가장으로서 건전한 가계의 유지라는 사명을 수행하기 위해 저축을 체질화하고자 한다면, 수입의 20퍼센트를 저축해 결혼 후 10년 이내에 그동안의 저축과 약간의 주택자금 차입으로 작은 아파트를 한 채 구입하고 10년마다 세 차례에 걸쳐서 평수를 늘려나가기로 계획할 수 있을 것이다.

셋째, 단계별 또는 시기별 역량 강화 방안이 포함되어야 한다. 앞서 세운 단계별 또는 시기별 목표를 성공적으로 달성하려면 지적 역량과 육체적 역량이 강화되어야 하며, 이를 위한 계획이 비전에 포함되어야 한다. 예컨대 매일 여덟 시간 회사 일을 하는 것 외에 영어 공부를 두 시간 이상 하고 전문 및 교양서적을 두 시간 이상씩 읽으며, 입사 후 5년 이내에 경영석사 학위를 취득하겠다는 계획도 포함될 수 있을 것이다. 그뿐 아니라 하루에 두 시간씩 헬스클럽에서 운동을 한다거나 주 1회 등산을 한다거나 하는 건강관리 계획도 포함되어야 한다.

인생의 비전에 포함되는 계획은 지나치게 세부적이고 구체적일 필요는 없다. 다만, 인생의 사명 및 가치들과 직접 관련되고 사명의 수행과 가치의 유지를 위해 반드시 추진되어야 하는 핵심적인 내용들이어야 한다. 그리고 지나치게 소극적이거나 보수적이어도 바람직하지 않다. 당장에는 현실적으로 어려워 보이더라도 야심 차게 계획을 세워 온갖 노력을 기울인다면, 불가능해 보였던 일도 이뤄지는 것이 세상 이치다. 따라서 이 계획은 노력해서 이루고자 하는 강력한 의지를 가지고 만들어야 한다.

비전서를 만들어라

이제 우리는 인생의 비전이 사명과 가치와 계획으로 구성된다는 것을 알게 되었다. 사람은 누구나 이러한 인생의 비전을 가지고 있다. 나는 중학교를 졸업하는 자리에서 '나는 장차 외교관이 되겠다'고 발표했다. 그러나 고등학교에 다니면서 경제가 중요하다고 생각하게 되었다. 3학년 때 담임선생님의 영향이 컸던 것 같다. 이후 대학 교수가 되어 우리나라에 맞는 경제이론을 개발해 나라의 경제 발전에 기여하겠다고 결심했다. 교육자 집안의 분위기와 나 자신의 성격에 대해 스스로 판단한 결과다. 나 역시 나름대로 사명을 설정한 것이다.

나는 어릴 때부터 부모님의 영향으로 매사에 최선을 다하는 것이 체질화되었다. 초등학교 때만 경남 도내에서 네 번이나 전학을 했는

데, 부모님께서는 이사 당일 이전 학교에 갔다가 새 학교에 가게 하여 6년 개근을 하게 할 정도로 매사에 최선을 다하도록 체질화시키셨다. 그리고 매사에 감사하는 마음을 가지게 해주셨다. '최선을 다하고 감사하는 삶'이 나의 가치가 된 것이다.

인생 계획도 일찍이 구체화했다. 대학을 졸업하고 대학원에 진학하고 군대를 마친 후 미국 유학을 다녀와 모교의 교수가 되겠다는 정도의 계획을, 대학에 입학하면서 세웠다. 이러한 목표를 달성하기 위해서는 스스로 역량을 계발하는 비상한 노력이 있어야 한다고 생각했다. 그래서 대학 1학년 때부터 '경우회'라는 경제학 공부 서클에 가입해 활동했고, 영어학원에 다니면서 영어회화 능력을 키우는 데 힘썼으며, 테니스부에 들어가서 건강도 꾸준히 관리했다.

이처럼 인생의 사명을 설정하고 가치를 선택하며 그것을 수행하기 위한 계획을 세우고 실천한 사람은 비단 나뿐만이 아닐 것이다. 누구나 인생의 비전을 가지고 있기 때문이다. 그러나 대부분의 사람은 그것을 암묵적으로 가지고 있다. 자기 자신조차 알게 모르게, 또 누가 물어보았을 때 쉽게 얘기할 수 없을 정도로 희미하게 가지고 있는 게 대부분이다.

인생의 비전을 명확히 가지고 있는 사람과 그렇지 못한 사람 간에는 엄청난 차이가 있다. 전자는 자신이 인생의 비전을 얼마나 잘 실현하고 있는가를 손쉽게 판단해볼 수 있고, 따라서 비전을 실현하기 위해 그만큼 더 노력하게 된다. 그러나 인생의 비전을 명확하게 가지고 있지 못한 사람은 자신이 어떠한 인생을 살고 있는지도 잘 모를뿐더러, 좀 심하게 말하면 맹목적으로 바쁘게 허덕이면서 살아가게 된다.

인생의 비전을 가시적이고 명시적으로 세우는 구체적 방법의 하나가 '나의 비전'이라는 문서를 만드는 것이다. 자녀가 중학교에 입학할 때 비전에 대해 얘기해주고 '나의 비전'을 만들어보라고 권유할 수 있고, 고등학교에 입학할 때 그것을 다시 만들어보라고 권유할 수 있을 것이다. 아마도 그 자녀는 대학을 입학할 때쯤이면 부모의 권유가 없더라도 스스로 자신의 비전을 다시 써볼 것이고, 사회에 나갈 때는 아마도 대폭 다시 쓰게 될 것이다.

'나의 비전'을 가장 의미 있게 수정, 보완하는 때는 결혼을 앞두고서일 것이다. 결혼이란 두 사람의 인생을 하나로 합치는 것이다. 따라서 '나의 비전'에 변화와 수정과 개선이 이루어질 수밖에 없다. 어쩌면 이때는 '우리의 비전'으로 바꾸는 것이 옳을지도 모른다.

'나의 비전' 또는 '우리의 비전'은 열심히 만드는 것으로 끝이 아니기에 그냥 선반 어딘가에 올려놓거나 서랍에 넣어두지 말라고 당부하고 싶다. 가능하다면 액자에 넣어서 책상머리, 침대 머리맡 또는 화장대 위에 두고 수시로 읽어보는 것이 좋은 방법이다. 그리고 '나의 비전'은 나이가 새로운 10년대에 접어들 때마다, '우리의 비전'은 결혼 10주년마다 수정하고 업그레이드하는 것도 인생의 비전을 성공적으로 실현하는 매우 유용한 방법이 될 것이다.

우리의 비전

□ □ □ · ○ ○ ○

우리는 사회, 이웃 그리고 가족에 기여하기 위해 이 세상에 태어났다. 우리는 이를 감사하는 마음으로 받아들이고 두 사람이 마음과 힘을 하나로 모아 하나의 인생을 살면서 사회의 발전, 이웃의 평안 그리고 가족의 행복에 기여하기 위해 최선을 다할 것이다.

사명

□□□은 경제학자로서 나라의 경제상황을 분석하고 나라의 경제정책에 대해 조언하는 일, 대학교수로서 학문적으로나 인간적으로 제자와 후학에 사표가 되는 일; ○○○는 도서관 사서로서 고객이 필요로 하는 정보를 언제나 효과적으로 얻을 수 있게 하는 일에 최선을 다할 것이다. 우리는 마을의 이웃으로서 우리 마을을 정이 넘치는 마을로 만드는 일; 초 · 중 · 고등학교와 대학교의 은사님들에게 자랑스러운 제자가 되는 일; 초 · 중 · 고등학교와 대학교의 동창들에게 평생의 친구가 되는 일; 직장의 과거 및 현재 동료들에게 평생의 동료가 되는 일; 그 밖의 지인들에게 우리와의 관계를 고마워하는 상대가 되는 일에 최선을 다할 것이다.

가장으로서 건전한 가계를 유지하는 일; 배우자로서 □□□은 ○○○를 위해 장미꽃이 피는 계절에는 집 안에 장미꽃 화분을 늘 유지하고 ○○○는 □□□을 위해 아욱이 나오는 계절에는 늘 아욱국을 끓이는 일; 부모로서 자식들의 잠재력을 발견하고 그들이 잠재력을 스스로 발휘해가도록 최대한 뒷받침하는 일; 자식으로서 부모님이 언제나 손쉽게 접할 수 있는 대화 상대가 되는 일; 형제자매로서 형제자매가 언제든지 도움을 청할 수 있는 상대가 되는 일; 친척으로서 친척들이 우리와의 관계를 항상 자랑스러워할 수 있도록 하는 일에 최선을 다할 것이다.

가치

우리는 정도를 걸으면서 최선을 다하고 감사하는 삶을 살아갈 것이다. 언제나 정도를 걷고 있는가를 생각하면서 매사에 임할 것이고 정도를 벗어난 성사보다는 정도를 벗어나지 않는 포기를 택할 것이다. 매사에 최선을 다했는가, 그렇지 못했는가를 그 일에 성공했는가, 그렇지 못했는가보다 더 중요하게 생각할 것이며, 성공과 실패로부터 모두 교훈을 얻음으로써 언제나 감사하는 마음으로 모든 일을 받아들일 것이다.

계획

우리는 □□□이 앞으로 5년 이내에 미국 대학으로부터 경제학 박사 학위를 취득하고 대학교 전임강사, 조교수, 부교수를 거쳐 앞으로 20년 이내에 정교수의 자리에 오르도록 최선을 다할 것이며; 이를 위해 전공 관련 자료를 매일 두 시간 이상 그리고 전공 이외의 교양서적을 주 네 시간 이상 탐독하고, 매일 두 시간 이상 영어공부를 할 것이며; 아울러 매일 두 시간씩 테니스를 즐길 것이다. ○○○는 자녀가 모두 학교에 입학한 뒤 다시 도서관 사서로서 직장생활을 시작할 것이며; 이에 앞서 매주 1회 두 시간씩 도서관을 방문해 현황을 익히고 직장생활을 다시 시작한 뒤에는 고객에 대한 자신의 서비스에 대해 정기적인 설문조사를 하여 그 결과를 업무에 반영할 것이며; □□□과 주 1회 네 시간씩 등산을 즐길 것이다. 우리는 우리 마을의 뜻있는 몇 사람과 협의해 만나는 사람마다 인사 나누기 운동을 펼쳐서 인사하는 이웃의 비중을 매년 20퍼센트씩 늘려가고; 초·중·고등학교와 대학교의 은사님들, □□□의 제자들, 초·중·고등학교와 대학교의 동창들 그리고 과거 및 현재의 직장 동료들과 그 밖의 지인들에게 매년 존경, 사랑, 우정 또는 관심을 담은 연하편지를 보낼 것이다.

우리는 소득의 20퍼센트를 저축할 것이며; 자식들과 하루에 20분 이상 개별적인 대화를 나누고 주 1회 이상 가족회의를 가질 것이며; 부모님께 주 1회 이상 전화를 드리고 3개월에 1회 만나뵐 것이며; 형제들과 월 1회씩 통화해 안부를 교환할 것이며; 친척들에게 연 1회 정이 담긴 연하장을 보낼 것이다.

비전이 있어야 성공한다

인생의 비전을 세운 사람은 매사에 비전을 염두에 두고 임한다. 매사를 자신의 인생 비전과 관련하여 생각하고 추진하며, 또 매사에 그 끝을 생각해보고 시작한다.

비전이 있는 사람, 더 구체적으로는 '나의 비전' 또는 '우리의 비전'을 만든 사람은 일상생활에서 어떤 일에 부닥쳤을 때 그 일이 자신의 인생 비전과 어떤 관련이 있는가를 먼저 생각하게 된다. 그 일이 비전을 실현하는 데 도움이 되는 일인가, 어떻게 해나가는 것이 비전을 더욱 잘 실현되게 하는 길인가, 비전에 배치되는 일이라면 맞게 바꾸는 방법은 없는가 등등을 곰곰이 생각하고 필요한 조치를 한 뒤에 시작한다. 그렇게 하면, 그 일이 더욱 좋은 성과를 거두는 것은 물론 비전을 실현하는 데에도 한 걸음 다가갈 수 있다.

인생의 비전을 명백히 세운 사람은 어떤 일을 자신의 비전에 비추어보는 과정에서 그 일의 끝을 내다보고 시작하는 습관을 가지게 된다. "끝을 보고 시작하라Begin with the End in Mind"[1]라는 표현이 바로 이것이다. 일을 시작하기 전에 그 일을 지금 자신이 구상하고 있는 방식으로 추진하면 어떠한 결과를 얻겠는가를 항상 예측해보라는 것이다. 예측되는 결과가 자신이 원하는 결과인지 또는 원하지 않는 뜻밖의 결과인지를 보고 판단하라는 것이다. 다시 말할 필요도 없이, 원하는 결과가 나올 것으로 예측된다면 예정했던 방식대로 일을 시작할 것이고, 원하지 않는 결과가 예측되면 방식을 바꾸어야 한다.

사람들은 누구나 어떤 일을 시작할 때 나름의 기대를 가지고 임한다. 자신이 원하는 결과를 얻을 것이라고, 끝을 막연히 또는 주관적으로 상정하고 시작한다. 이처럼 막연하게 또는 당연히 원하는 결과가 얻어질 것으로 기대하고 일을 시작하는 경우와 끝을 의식적으로 생각해보면서 결과를 명시적이고 체계적으로 그리고 객관적으로 예측해본 뒤에 시작하는 경우 간에는 엄청난 차이가 있다.

전자는 결과가 만족스럽지 못해 다른 방법으로 다시 시작해야 할 가능성이 큰 반면에, 후자는 만족스럽거나 기대했던 결과를 얻게 될 가능성이 훨씬 크다.

다시 말하지만, 인생의 비전을 세운 사람은 매사에 비전을 가지고 임한다. 매사를 자신의 인생 비전과 관련하여 생각하고 추진하며, 그 끝을 생각해보고 시작한다. 그래서 비전이 있는 사람이 성공한다.

비전을 세우는 9가지 팁

1 사명, 가치 그리고 계획으로 구성되는 비전서를 만들라.

2 세상에 태어날 때 부여받은 사명을 찾아내라.

3 사명에는 사회인, 이웃 그리고 가족으로서 당신이 수행할 역할을 담으라.

4 사명을 수행할 때 지켜갈 가치를 설정하라.

5 가치는 사명을 효과적이고 올바르게 수행함을 목적으로 하라.

6 사명을 수행하기 위한 계획을 세우라.

7 계획에는 사명을 수행하는 구체적 방법, 시기별 목표 그리고 정신적·육체적 역량 강화 방안을 담으라.

8 비전서를 서랍에 넣어두지 말고 늘 가까이 두고, 매사를 자신의 비전에 비추어보면서 해나가라.

9 비전서를 정기적으로 업데이트하라.

지혜 2
바이링구얼이 되라

KNOWLEDGE FOR INNOVATION

"단일 언어는 당신을
인생의 복도에 세워준다.
복수 언어는 그 복도의
모든 출입문을 열어준다."

프랭크 스미스●

● Frank Smith(1928~). 미국의 심리 언어학자이자 교육 시스템 연구자. 영국에서 태
어났으며 현재 캐나다에 거주한다. 신문기자, 편집자, 소설가 등을 거쳐 대학교수
가 되었으며 미국, 캐나다, 남아프리카공화국 등에서 여러 대학의 교수를 역임했
다. 인지심리학과 언어학 분야에서 많은 연구 업적을 남겼으며, 독서교수법에 대
한 심리 언어학적 접근의 창시자이기도 하다.

모든 것은 소통으로 이뤄진다[1]

소통이란?

인류사회가 20세기 말엽부터 지식사회로 이행해왔고, 지식사회에서는 혁신지식이 경쟁력의 원천이 되며, 혁신지식은 정보를 이용해 새로운 것을 만들어내는 능력을 말하는 것임을 앞서 자세히 보았다. 지식사회에서 경쟁력을 가지려면 무엇보다도 먼저 정보를 획득해야 한다. 정보는 어떻게 얻어지는가? 당연한 말이지만, 정보의 원천과 소통communication함으로써 얻어진다. 여기서 소통은 "심벌symbol을 사용해 의미meaning를 만들어내고 공유하는 과정"[2]을 말한다.

소통은 비단 정보의 획득을 위해서뿐만 아니라 우리의 모든 개인 생활, 직장생활 그리고 공적 활동을 위해 필수불가결한 기능이다. 우리의 모든 생활이 다른 사람과 소통을 함으로써 이루어지기 때문이다. 소통을 통해 다른 사람에게 나의 의사를 잘 전달하고, 다른 사람의 의사를 잘 파악하는 것이야말로 인간 생활의 기초가 된다.

소통의 구성 요소

소통은 소통자들, 메시지, 소통 채널, 소란, 피드백 그리고 소통 배경 등으로 구성된다.

소통은 둘 이상의 소통자들 간에 이루어진다. 여기에는 소통을 시작하는 이니시에이터와 소통의 상대가 되는 해석자가 포함된다. 이니시에이터가 아이디어, 생각, 느낌 등을 심벌로 바꾸고 해석자가 이들 심벌을 다시 아이디어, 생각, 느낌으로 바꿈으로써 소통이 이루어진다.

소통자들의 의사를 담은 메시지는 언어나 신호의 형태를 취한다. 언어에는 말과 글이 있고, 신호에는 몸짓 · 표정 · 접촉 · 음조 · 의복 · 침묵 등이 포함된다.

소통 채널은 소통에 이용되는 수단으로 실로 다양하다. 예컨대 대면, 서면, 팩스, 이메일, 신문, 전화, 컴퓨터, 텔레비전이 일상적이다. 해변의 모래나 자동차 유리 먼지에 표시하는 것, 냉장고에 부착하는 메모 역시 소통 채널이 될 수 있으며 심지어 문신도 포함된다. 이들 채널은 특정성, 풍부성 그리고 교호성에서 차이가 크다. 특정성은 소통의 상대방을 어느 정도로 특정하는가를 말하고, 풍부성은 실마리 또는 기조가 얼마나 풍부한가를 말하며, 교호성이란 반응이 어느 정도로 신속하게 이루어질 수 있는가를 말한다.

소란은 소통을 방해하는 요소로, 소통자들의 육체적 필요나 심리적 특징에서 오는 내부적 소란과 소통자 및 소통 채널을 둘러싼 환경에서 오는 외부적 소란이 있다. 예컨대 내부적 소란으로는 배고픔,

몽상, 개념 차이, 선입관, 이기주의 등이 있으며 외부적 소란으로는 에어컨 소음, 비행기 소음, 흘려 쓴 필기체 글씨, 휴대전화 고장 등이 있다.

피드백은 메시지에 대한 상대 소통자의 반응을 말한다. 메시지가 의도한 대로 해석되었는지 그렇지 않은지를 알려준다.

소통 배경에는 소통의 장소와 시간에 따른 물리적 배경, 소통자들의 규모와 구성에 따른 소통적 배경 그리고 소통자들의 가치관과 지적 수준 및 행동양식 등에 따른 문화적 배경 등이 있다. 예컨대, 강연장의 규모와 시간대에 따라 강연의 효과가 영향을 받는 것은 물리적 배경이 다르기 때문이다. 그리고 자기 자신과의 내면적 소통, 소수 타인과의 개인 간 소통, 3~7명과의 소그룹 소통, 다수 대중과의 대중 소통 그리고 일종의 중개수단을 이용하는 중개 소통 등에 따라 소통의 효과가 영향을 받는 것은 소통적 배경이 다르기 때문이다. 또한 소통자들의 가치관, 지적 수준, 행동양식 등에 따라 소통의 효과가 달라지는 것은 문화적 배경이 다르기 때문이다.

효과적인 소통

이와 같은 소통의 구성 요소들을 신중히 고려하고 적절히 활용함으로써 효과적으로 소통하는 능력을 갖춰야 한다. 소통은 지식사회에서의 성공을 포함하여 생활의 모든 성과에 결정적인 영향을 미치기 때문이다. 효과적으로 소통하기 위하여 소통자들은 다음과 같은 노력을 해야 한다.

첫째, 소통에 적극적으로 참여하되 신중하게 임해야 한다. 소통은 거래적이고 불가역적이며 불가피적이기 때문이다. 여기서 거래적이라 함은 한 소통자가 메시지를 보낸 다음에는 상대 소통자로부터 피드백을 받게 되고, 그에 따라 메시지를 조정해 다시 보내게 된다는 점을 가리킨다. 불가역적이라 함은 소통자가 메시지를 보낸 후 이를 후회하여 취소하더라도 메시지를 보냈던 사실 자체는 없앨 수 없다는 의미다. 그리고 불가피적이라 함은 소통자가 소통을 하지 않는다 하더라도 그것조차 다른 사람에게 의미 있게 받아들여질 수 있음을 뜻한다.

둘째, 소통의 상대를 적절히 배려하면서 소통해야 한다. 소통의 상대방에게도 자아가 있고, 다른 문화권의 사람일 수 있으며, 소통 자체가 다원적이기 때문이다. 여기서 다원적이라 함은 소통에서는 메시지의 내용뿐만 아니라 소통자들 간의 관계도 언제나 중요하게 작용함을 의미한다.

셋째, 자신을 성찰하면서 소통해야 한다. 자신의 내부적 교란이 소통을 방해할 수 있으며, 자신의 비전, 특히 가치에 기반을 두지 않은 소통은 전혀 바람직하지 않기 때문이다. 자신을 성찰하면서 하는 소통을 흔히 자기청취라고 한다. 효과적인 소통을 위해서는 항상 자기청취를 하면서 소통하는 것이 바람직하다.

넷째, 기술적으로 우수한 소통을 하도록 노력해야 한다. 그러려면 소통의 물리적, 소통적 그리고 문화적 배경에 맞는 말과 글, 각종 신호 등 메시지의 적절한 형태를 선택, 결합하여 사용해야 한다. 동시에 특정성, 풍부성, 교호성이 높은 소통 채널들을 선택, 결합하여 사용해야 한다. 앞서 예로 든 바와 같이 실로 다양한 여러 가지 소통 채널 중 소통의 상대방을 특정하고 실마리와 기조가 풍부하며 반응이 신속하게 이뤄질 수 있는 채널들을 선택, 결합하라는 의미다. 그리고 외부적 소란이 없는 물리적 배경을 조성해 소통해야 한다. 앞서 예로 든 바와 같이 모든 소통이 부닥치게 마련인 외부적 소란을 사전에 충분히 예상하고 이를 방지하기 위한 대책을 마련해 소통을 시작해야 한다.

말과 글의 역사[3]

소통에서 일차적으로 중요한 것은 소통자들의 의사를 담은 메시지다. 즉 무엇을 소통할 것인가에 관한 것이다. 메시지는 앞서 본 바와 같이 신호의 형태를 취하기도 하지만 주로 언어, 즉 말과 글의 형태로 표현된다.

언어학자들에 의하면, 인류는 약 4만 년 전 지구상에 존재하기 시작하면서부터 언어를 사용했다. 이후 인류가 사용하는 언어는 계속 늘어나서 기원전 1만 5천~1만 년에는 1만~1만 5천 개에 이르렀으나, 이후 계속 줄어들어 오늘날에는 6천 개를 다소 넘는 것으로 알려져 있다. 언어학자들이 추정하는 언어 수는 유사한 언어들을 어느 정도까지 방언으로 취급하느냐에 따라 크게 달라진다. 오늘날 인류가 사용하는 언어가 5천 개 정도라고 보는 학자들이 있는가 하면, 7천 개 정도라고 보는 학자들도 있다.

인류사회의 언어 수가 이렇게 대폭 줄어든 것은 인류사회가 대규모 문명으로 통합되어온 데 따른 것이다. 언어학자들에 의하면, 앞으로 이러한 현상은 계속되어 현존하는 언어의 절반이 앞으로 수백 년 사이에 사라질 것으로 추정된다.

현존하는 언어는 대체로 17개 어족으로 나눌 수 있는데, 세계 20대 언어 중 12개 언어가 인도 · 유럽어족에 속한다. 가장 많은 인구가 사용하는 언어는 중국 · 티베트어족에 속하는 중국어로 대략 10억 이상의 인구가 사용한다. 그다음으로 인도 · 유럽어족에 속하는 영어는 3억 5천 명, 역시 인도 · 유럽어족에 속하는 스페인어와 힌두어는 각각 2억 5천 명과 2억 명이 사용한다. 아시아 · 아프리카어족에 속하는 아랍어, 인도 · 유럽어족에 속하는 벵골어와 러시아어를 각각 1억 5천 명이 사용한다. 한국어는 조사 당시 6천만 명이 사용하고 있었으며 사용자 수에서 세계 16위였다.

인류가 소통을 위해 글을 사용하기 시작한 것은 기원전 4천 년대부터인 것으로 알려져 있다. 인류사회의 언어 중 글로 쓰이는 언어는 근대 초기만 하더라도 20~30개 정도에 불과했으나, 오늘날에는 5천

~6천 개의 언어 중 200~300개가 정규적인 글로 쓰이고 있다. 글은 말과는 달리, 남아 있는 언어 중 글로 쓰이는 비중이 계속 늘어날 것으로 전망된다.

말과 글의 역사에서 간과할 수 없는 중요한 현상 중 하나는 중세 이후 인류사회에서는 국제어가 존재해왔으며, 최근에는 그 역할이 더욱 커지고 있다는 사실이다. 국제어는 국제 교류에서 지배적으로 사용되는 언어를 말한다. 역사적으로 보면 기원전 27년부터 1453년까지 로마 제국시대에는 라틴어가 국제어였다. 그리고 15세기 말엽 이후 오늘날에 이르기까지는 스페인어와 불어가 부분적인 국제어로 이용되기도 했지만, 영어가 지배적인 국제어였다.

인류의 4분의 1이 영어로 소통한다[4]

앞서 본 바와 같이 영어는 유럽 · 인도어족에 속하는 언어다. 5세기에 북유럽에서 잉글랜드에 도달해 브리튼 군도로 퍼져나가기 시작했고 11세기 후반부터는 스코틀랜드 전역으로, 12세기에는 아일랜드로 퍼져나갔다.

영어가 그 외 지역으로 퍼져나가기 시작한 것은 15세기 말엽부터로, 영국에서 캐나다와 서부 아프리카로 확산되었다. 16세기 초엽에는 역시 영국에서 카리브 지역으로 퍼져갔고, 말엽에는 아메리카대

륙으로 항해와 이주가 시작되면서 영어도 함께 상륙했다.

17세기 초엽 영국이 인도에 진출함과 함께 남아시아에 영어가 들어가게 되었으며, 특히 17세기와 18세기에 전 세계를 휩쓸었던 영국의 식민주의가 영어의 세계적 확산을 가져왔다. 더욱이 18세기 중엽 영국에서 산업혁명이 일어나 영국이 세계의 산업 및 교역을 주도하면서 영어의 세계적 보급에 결정적인 역할을 했다. 18세기 말엽에는 호주, 뉴질랜드, 남아프리카에 영국인을 비롯한 유럽인들이 이주하기 시작하면서 영어가 이들 지역에 상륙했다.

영국이 19세기 말엽 동아프리카에 진출하면서 이 지역에도 영어가 들어갔다. 같은 시기에 미국이 괌과 필리핀 접수, 하와이 병합, 구일본 식민지 인수 등 대대적인 확장 정책을 펴면서 동남아와 남태평양 지역에도 영어가 보급되었다. 그리고 20세기 초엽부터 세계 경제의 주도권이 미국으로 넘어감과 함께 영어의 국제어로서 지위가 더욱 강화되었다.

오늘날 영어의 세계적인 보급은 〈그림 3〉에서 보는 바와 같이 '영어의 3가지 서클'로 표현된다.

첫째는 내부 서클이다. 영어가 주된 언어인 지역을 말하는데 미국, 영국, 아일랜드, 캐나다, 호주, 뉴질랜드 등이 여기에 포함된다. 둘째는 외부 서클이다. 영어가 국가의 주요한 제도의 한 부분이 되어 '제2국어'의 역할을 하는 지역으로 싱가포르, 인도, 말라위 및 50개 이상의 기타 국가가 여기에 포함된다. 셋째는 확장 중 서클이다. 국제어로서 영어의 중요성을 인정하고 영어를 외국어로 가르치는 지역으로 중국, 일본, 그리스, 폴란드 및 기타 국가들이 여기에 포함된다. '확장 중'은 1980년대 당시 표현이므로 오늘날을 기준으로 하면 '확장 서클'이라고 해야 할 것이다. 당시와 비교할 때 각 서클에 포함된 국가들에 약간의 변동이 있을 수는 있지만 영어 사용국이 세 개의 서클로 나누어진다는 점에는 변함이 없다.

내부 서클 또는 외부 서클에 속하면서 영어가 특별한 위치를 점하

그림 3 | 영어의 3가지 서클

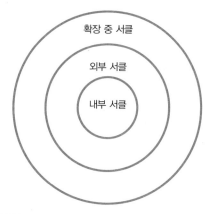

■ 서클 분포
  – 내부 서클: 미국, 영국 등(사용 인구: 3억 2천만~3억 8천만 명)
  – 외부 서클: 인도, 싱가포르 등(사용 인구: 3~5억 명)
  – 확장 중 서클: 중국, 러시아 등(사용 인구: 5~10억 명)

※자료: Crystal, David, *English as a Global Language, Second Edition*, Cambridge University Press, 2003, p. 61(원 자료: Kachuru, Braj, "The Sacred Cows of English", *English Today*, 16, 1988, pp. 3–8).

는 국가는 2001년 현재 75개국에 이른다. 이들 국가의 2001년 현재 총인구는 22억 3,600만 명에 달하고, 이 중 3억 2,900만 명이 영어를 제1국어 또는 모국어로 사용하며, 4억 3,000만 명이 모국어에 추가해 제2국어로 사용한다. 여기에 영어를 외국어로 사용하는 인구를 합치면 영어 사용 인구는 15억에 이른다. 1999년에 세계 인구가 60억 명을 돌파한 것을 고려하면, 세계 인구의 약 4분의 1이 영어로 유용한 수준의 소통을 할 수 있는 것으로 추정된다.

이와 관련해 주목할 사실이 있다. 1960년대에는 영어 사용자들 대부분이 제1국어로서 사용하는 사람들이었지만, 지금은 더 많은 사람이 영어를 제2국어로 사용하고 있고, 그보다 더 많은 사람이 외국어로 사용하고 있다는 사실이다. 영어를 제1국어로 사용하는 인구와 제2국어 또는 외국어로 사용하는 인구의 비율이 약 1:3인데 후자의 증가율이 더 높기 때문에 이 격차는 더 커질 것으로 보인다. 영어를 제1국어로 사용하는 인구의 비중은 1950년에 8퍼센트였는데 2050년에는 5퍼센트 수준까지 줄어들 것으로 전망된다.

우리에게 영어가 낯선 이유

앞서 본 바와 같이, 오늘날 국제어로서 지위를 확고히 하고 있는 영어는 인도·유럽어족에 속한다. 한국어는 일설에 의하면 우랄·알

타이어족에 속하고, 또 다른 일설에 의하면 어느 어족에도 속하지 않는 독립적인 언어다. 그만큼 영어와 한국어는 유사성을 거의 찾아볼 수 없을 정도로 차이점이 많은 언어다. 그 차이점을 제대로 아는 것이 영어를 효과적으로 습득하는 출발점이 될 것이다. 가장 중요한 차이는 바로 다음과 같다.

첫째, 어휘다. 영어와 한국어는 어휘가 다르다.

영어와 한국어 간에는 사물이나 동작을 표현하는 낱말들에서 유사성을 거의 찾아볼 수 없다. 예컨대, 영어의 'see'와 한국어의 '본다' 간에는 조금도 유사성이 없다.

영어는 한국어에 비해 같은 낱말을 더욱 다양한 의미로 사용한다. 예컨대, 영어의 'see'는 한국어의 '본다'라는 뜻 외에도 '알다(예: Can you see it?)', '얘기하다(예: I'd like to see the manager.)' 등의 의미로도 사용된다. 또한 관용어(예: shut up)와 은유(예: Time flies.)를 많이 사용하므로 한국어에 비해 보다 문장적인 언어다.

어휘에서 가장 큰 차이는 존대어의 유무다. 한국어는 동사의 어미, 명사, 대명사, 형용사 등에서 존대어가 존재하지만, 영어는 그렇지 않다. 따라서 한국인은 영어를 배울 때 존대를 표시하는 낱말뿐 아니라 음조, 몸짓, 태도 등을 익혀야 한다.

둘째, 음운이다.

영어에는 한국어에 없는 몇 가지 발음, 즉 f(예: phone), ʒ(예: vision), r(예: road), θ(예: thirteen), ð(예: then), v(예: voice) 그리고 z(예: zip) 등이

있다. 그러나 한국인도 연습하면 이들 발음을 익힐 수 있다.

한국어는 대부분의 낱말이 모음으로 끝나지만 영어는 그렇지 않다. 따라서 한국인이 영어 낱말을 발음할 때 모음을 보태는 경우가 흔한데 이 점을 주의해야 한다.

영어에서는 악센트와 억양이 중요하지만, 한국어는 음절 중심 언어여서 개별 단어의 강조가 중요하지 않다. 그래서 미국 사람들은 한국인들이 영어를 밋밋하게 말한다고 느낀다.

셋째, 문법이다.

서술문에서 한국어는 '주어+목적어/보어/부사+동사' 의 어순을 취하면서 어순이 유동적이다. 그런데 영어는 '주어+동사+목적어/보어/부사' 의 어순을 취하면서 어순이 고정적이다. 또한 의문문과 부정문을 볼 때 한국어는 종결어미의 변화로 이들을 구성하지만, 영어는 어순을 바꾸며 조동사가 중심적 역할을 한다.

한국어에서는 주어가 흔히 생략되기도 하지만, 영어에서는 주어가 언제나 존재한다는 점도 큰 차이점이다.

동사에서도 큰 차이가 있다. 영어는 동사를 주어와 일치하도록 활용하지만(예: He likes it.) 한국어는 그렇지 않으며(예: 그는 그것을 좋아한다.), 영어에서는 타동사가 발달했지만 한국어에서는 그렇지 않다. 또 한국어는 동사의 어미를 변화시켜 시제, 분위기, 대화 쌍방 간의 사회적 관계 등을 나타내지만('먹다' 의 예: 먹었다, 먹는다, 먹을 것이다, 먹었는데, 먹는데, 먹을 것인데, 먹었습니다, 먹습니다, 먹을 것입니다, 드시다 등), 영어는 본동사의 변화와 조동사의 이용으로 시제, 상, 태 등을 나타낸다. 동사의 시제 변화도 영어는 무척 세분화되어 있다. 과거 시제를 예로 들면 한국어에는 단순과거만 있지만 영어에는 단순과거, 과거완료, 과거완료진행 등이 있다.

그다음은 조사의 유무다. 한국어에서는 주어와 목적어에 조사가 붙지만(예: 그는 편지를 썼다.), 영어에서는 그렇지 않다(예: He wrote a letter.). 또 한국어는 관사를 사용하지 않지만, 영어는 a/an과 the의 관사를 사용한다.

넷째는 글자다.

영어와 한국어는 글자가 다르다. 둘 다 표음문자이지만, 글자에서 다음과 같은 차이가 있다.

한국어의 한글은 15세기에 세종대왕이 창조했지만, 영어의 알파벳은 그리스의 알파벳에서 유래한 라틴어 알파벳이 16세기에 이르러 오늘날의 형태를 갖춘 것이다. 한글은 자음 14개, 모음 10개로 총 24자이며, 영어의 알파벳은 자음 20개, 모음 5개, 양음 1개(Y)로 구성되어 있다. 한글은 가로세로 양쪽으로 모두 쓸 수 있지만, 알파벳은 가로로만 쓸 수 있다. 또한 알파벳에는 대문자와 소문자가 있지만, 한글에는 그러한 구분이 없다.

한 · 영 바이링구얼 되기 프로젝트

두 사람 되기

바이링구얼bilingual이란 2가지 언어를 사용하는 사람을 말한다. 즉 모국어 이외에 하나의 외국어를 모국어 못지않게 구사하는 사람이다. 영어가 오늘날 유일한 국제어로 쓰이는 만큼 영어를 한국어 못지않게 구사할 수 있어야 한다. 즉 한국어와 영어의 바이링구얼이 되어야 한다.

바이링구얼이 되는 것은 매우 중요하다. 모노링구얼monolingual을 바퀴가 하나 달린 자전거를 타고 달리는 데 비유한다면, 바이링구얼은 두 바퀴짜리 자전거를 타는 것이라 할 수 있다. 프랑스와 터키에는 "사람이 두 개의 언어를 구사하는 것은 한 사람이 두 사람이 되는 것이다"라는 속담이 있다. 더구나 정보의 획득이 경쟁력의 첫걸음이 되고, 영어가 국제어로 확실하게 자리 잡은 오늘날의 지식사회에서는 한 · 영 바이링구얼이 되지 않고는 도저히 경쟁력을 갖출 수가 없다.

번역이나 통역의 시대는 지나갔다. 초고속화가 계속되는 지금의 지식사회에서는 통 · 번역을 기다려서는 타이밍을 놓치게 된다. 혹자는 정보기술의 발달이 통 · 번역의 자동화를 가져올 것으로 전망하기도 하지만, 많은 전문가들은 그것이 바이링구얼을 대체하기는 매우 어려울 것으로 보고 있다.

바이링구얼이 될 필요가 있는 것은 국제 관계와 전혀 관련이 없는 직업을 가진 사람들도 예외가 아니다. 무한경쟁의 지식사회에서는 자신이 하고 있는 일을 외국의 경쟁자들이 어떻게 하고 있는가를 예의 주시해 그들이 잘하는 점을 배우고 잘못하는 점을 따르지 않도록 노력해야 하기 때문이다.

영어를 어느 정도로 구사하면 한 · 영 바이링구얼이라고 말할 수 있을까? 듣기에서는 영어 라디오 방송을 정확하게 청취할 수 있고, 말하기에서는 영어 원어민에게 자신의 의사를 영어로 자유롭게 표현할 수 있으며, 읽기에서는 〈뉴욕타임스〉 기사를 정확하게 해독할 수 있고, 쓰기에서는 영어 원어민에게 영문으로 자신의 의사를 정확하게 표현할 수 있다면 그렇게 부를 수 있을 것이다.

그렇다면 어떻게 해야 한 · 영 바이링구얼이 될 수 있을까? 나는 학교에서 6년 이상 영어를 배운 사람이라면 앞으로 6년간 매일 두 시간씩 영어를 학습한다면 충분히 될 수 있다고 본다. 우리 대부분은 이미 6년이 훨씬 넘게 학교에서 영어 교육을 받았을 것이므로 날마다 두 시간씩만 투자하면 된다. 여기에 학습 효과를 높여줄 몇 가지 아이디어를 제공하고자 한다.

팀워크

한 · 영 바이링구얼이 되기를 열망하는 네 사람이 하나의 팀을 만들어서 '한 · 영 바이링구얼 프로젝트'를 팀워크로 해나가라. 한 사람의 어드바이저를 추가로 둘 수 있으면 더욱 좋을 것이다. 프로젝트의 모든 계획은 네 사람(또는 다섯 사람)이 합의해서 세운다. 구체적으로는, 매주 1회 정해진 시간에 만나서 두 시간 동안 지난주의 학습을 상호 점검하고 다음 주 계획을 합의한다. 처음 1년 동안은 모임에서 한국어와 영어를 병용하되 2년 차부터는 영어를 전용하는 것이 바람직하다.

이렇게 팀을 이루어 한·영 바이링구얼 프로젝트를 해나간다면 여러 가지 이점이 있다. 우선 혼자서 노력하는 경우와는 달리 중도에 그만두는 일이 없을 것이며, 학습에 필요한 정보도 훨씬 더 많이 얻을 수 있고, 프로젝트를 효과적으로 수행할 아이디어도 훨씬 더 많이 얻을 수 있다.

습득 단계

프로젝트 수행의 처음 1년 반 기간은 습득 단계로 설정하여 일정한 프로그램을 선정해 그것에 따라 학습하라. 프로그램은 온라인 프로그램을 선정해 이용할 수도 있고, 영어학원에 등록해 학원의 프로그램을 이용할 수도 있을 것이다.

첫 6개월은 듣기와 말하기에 중점을 두고, 다음 6개월은 읽기와 쓰기에 중점을 두며, 나머지 6개월은 듣기·말하기·읽기·쓰기를 고루 하는 것이 좋다. 하루에 적어도 두 시간은 영어에 바쳐야 한다.

연습 단계

다음 1년 반 기간은 연습 단계로 설정하여 앞 단계에서 습득한 영어를 생활화하는 연습을 해나가라. 라디오로 영어 뉴스 듣기(30분), 들은 뉴스를 영어로 말하면서 녹음해 그것을 방송 녹음과 대조해보기(30분), 영자 신문 기사 읽기(30분)와 읽은 기사를 영어로 써서 원문과 대조해보기(30분)를 매일 두 시간씩 하라.

들기 연습을 할 때는 라디오 뉴스를 녹음하여 반복해서 듣되 완전히 알아듣게 될 때까지 영상으로 보거나 글로 읽지 말아야 한다. 말하기 연습을 할 때는 한국어에 없는 영어 발음들(f, ʒ, r, θ, ð, v, z 등)과 영어의 억양 및 악센트가 원어민 못지않게 될 때까지 포기하지 말고 연습해야 한다. 읽기 연습을 할 때는 불분명한 단어는 반드시 영영사전을 찾아서 암기하고, 쓰기 연습을 할 때는 읽은 뉴스를 영어로 쓴 뒤에 원문과 대조해 어휘의 선택과 표현 등이 적절했는지를 체크하라.

응용 단계

다음 1년 반 기간은 응용 단계로 설정하여 방송 채널을 라디오뿐만 아니라 TV로까지 넓히고 청취하는 프로그램을 뉴스뿐만 아니라 전체 프로그램으로까지 넓히라. 채널과 프로그램을 확장하여 듣기(30분), 들은 내용을 말하면서 녹음하고 그것을 방송 녹음과 대조해보기(30분), 영자 신문의 기사를 뉴스에 국한하지 말고 전체 기사로 확대해 읽기(30분), 읽은 기사를 영어로 써서 원문과 대조해보기(30분)를 매일 두 시간씩 해나가라.

생활 단계

마지막 1년 반 기간은 생활 단계로 설정하여 말하거나 쓴 것을 원본과 대조하는 과정은 생략하고 말하고 써보는 시간을 늘리라. 라디오나 TV로 영어 프로그램 청취 또는 시청하기(30분), 들은 내용을 영어로 말해보기(30분), 영자 신문의 전체 기사 중 관심 있는 기사 읽기(30분), 읽은 기사 영어로 써보기(30분)를 매일 두 시간씩 해나가라.

이와 같이 6년간 하루에 두 시간을 영어를 익히는 데 할애한다. 그중 1년 7개월 차부터 4년 반 동안 매일 영어 방송 듣기와 영자 신문 읽기에 두 시간씩을 바치고 나면, 매일 영어 방송을 듣고 영자 신문을 읽는 것이 거의 습관으로 자리 잡을 것이다. 그러면 6년간의 영어 학습이 끝난 뒤에도 자연히 매일 영어 방송을 듣고 영자 신문을 읽게 된다. 이 방법은 한·영 바이링구얼이 되는 것 외에 또 다른 이익을 가져다준다. 국내 방송과 신문에서 다루어지지 않는 많은 정보를 다른 사람들보다 훨씬 많이 얻을 수 있다는 점이다.

마지막으로 당부하고 싶은 것은, 한·영 바이링구얼이 되기 위해 앞서의 단계를 따라 노력할 때 이 프로젝트에서 소중하게 지켜나갈 가치를 설정하라는 것이다. 내가 제시하는 것은 다음의 5가지다.

첫째, 결심을 확실하게 할 것

둘째, 계획을 자세히 세울 것

셋째, 열정을 가지고 추진할 것

넷째, 인내심을 발휘할 것

다섯째, 매일의 성과에 감사할 것

한 · 영 바이링구얼이 되는 9가지 팁

1 소통 · 정보 · 지식이 경쟁력의 핵심임을 명심하라.

2 효과적 소통을 위해 적극적이고 신중하며, 상대를 배려하고, 자신을 성찰하고, 기술적으로 우수한 소통을 하라.

3 한 · 영 바이링구얼이 됨으로써 한국인이자 국제인이 되라.

4 6년간 매일 두 시간을 영어에 바치라.

5 한 · 영 바이링구얼 프로젝트 팀을 구성하라: 결심, 계획, 추진, 인내, 감사를 가치로 추구하는 네 명(어드바이저 포함 다섯 명)이 6년간 주 1회 두 시간씩 만나 상호 점검하되 1년간은 한국어와 영어를 병용하고 이후에는 영어를 전용하라.

6 습득 단계(1.5년간): 온라인 또는 영어학원 프로그램을 이용하여 첫 6개월은 듣기와 말하기, 다음 6개월은 읽기와 쓰기, 나머지 6개월은 4가지 모두에 중점을 두라.

7 연습 단계(1.5년간): 매일 영어 라디오 뉴스 듣기, 녹음해서 대조해보기, 영자 신문 뉴스 읽기, 써서 대조해보기를 각각 30분씩 하라.

8 응용 단계(1.5년간): 매일 영어 라디오나 TV 청취, 녹음해서 대조해보기, 영자 신문 기사 읽기, 써서 대조해보기를 각각 30분씩 하라.

9 생활 단계(1.5년간): 매일 영어 라디오나 TV 청취, 말해보기, 영자 신문 읽기, 써보기를 각각 30분씩 하라.

KNOWLEDGE FOR INNOVATION

"개인용 컴퓨터는
통신의 도구이자 창의성의 도구다.
그 기능은 사용자에 따라 달라진다."

빌 게이츠●

● William Henry Bill Gates III(1955~). 열세 살에 컴퓨터 프로그래밍에 흥미를 가지기 시작하여 열다섯 살에 폴 앨런Paul Allen과 함께 컴퓨터 프로그램을 개발하여 2만 달러의 순이익을 올렸다. 열여덟 살에 대학입학자격시험SAT에서 1600점 만점에 1590점을 기록했으며, 스무 살에 하버드대학교를 중퇴하고 앨런과 함께 마이크로소프트사를 창립했다. 선도적인 기술 혁신, 예리한 영업 전략 그리고 공격적인 경쟁 전술로 마이크로소프트를 세계 최대의 소프트웨어회사로 만들었다. 1994년에 자선단체인 빌앤드멜린다게이츠재단Bill & Melinda Gates Foundation을 설립하여 부인과 공동의장을 맡고 있다. 〈포브스〉지 세계 갑부 명단에서 1995~2009년(2008년 제외) 세계 1위를 차지했으며, 2011년에는 세계 3위(미국 1위)를 기록했다.

컴퓨터 없이 살 수 있을까?[1]

현재 우리가 진입하고 있는 지식사회에서는 혁신지식이 경쟁력의 원천이며, 혁신지식은 정보를 이용해 새로운 것을 만들어내는 능력을 가리킨다. 이 능력을 현저히 높여준 것이 바로 컴퓨터다. 컴퓨터를 통해 인류는 정보를 광범위하고 신속하며 정확하게 수집할 수 있을 뿐 아니라 이를 처리하고 저장하고 출력하고 통신할 수 있다. 여기서 컴퓨터라는 단어는 컴퓨터의 기본 원리를 이용하는 모든 정보기술을 포함한다. 넓은 의미에서 컴퓨터는 인류의 일상생활을 근본적으로 바꾸어놓았다.

　가정의 생활과 관련하여 각종 정보를 수집하고, 계획을 수립하고, 자료를 보관하고, 거래를 행하고, 여러 가지 오락을 즐기고, 다른 사람들과 소통하고, 재택근무를 하는 등 컴퓨터는 우리의 가정생활에 실로 다양하게 이용되고 있다. 더욱이 최근에는 전통적 가전제품에 각종 형태의 컴퓨터가 내장된 스마트 가정용품들이 보급되고 있다. 가정의 모든 일이 메인 컴퓨터에 의해 자동으로 통제되는 스마트 가정이 등장함으로써 가정생활이 더욱더 컴퓨터에 의존하게 되었다.

초·중·고등학교에는 이미 컴퓨터가 기본적인 학습도구로 자리 잡았다. 멀티미디어 프로그램, 생산성 소프트웨어, 인터넷 등을 이용해 학습효과를 극대화하고 있다. 대학에서도 컴퓨터가 학교생활에 갈수록 통합되고 있다. 학생들이 직접 강의실에 출석하지 않고 어디서든 수업을 받고 토론에 참가하는 원격학습도 광범위하게 보급되었다. 최근에는 한 걸음 더 나아가 누구나 자유롭게 온라인으로 접속해 저명 교수의 강의를 수강할 수 있는 대중 공개 온라인 과정 MOCC까지 등장했다.

모든 조직에서 사무실 근무자들뿐만 아니라 생산 및 서비스 현장의 모든 종사자에 이르기까지 거의 모든 업무에 컴퓨터를 이용한다. 컴퓨터를 통해 필요한 정보를 입수하여 의사결정을 하고, 업무 효율을 높이고, 고객들에게 각종 서비스를 제공할 뿐 아니라 동료들과 소통하며 협력하는 데에도 필수적이다.

앞으로 컴퓨터는 더욱 소형화되고 속도가 빨라지며 입력 방식이 다양화되고 기능이 인공지능화할 것이다. 또한 다른 기술들과 융합이 촉진될 것이며 인터넷망 역시 더욱 강화될 것이다. 그러면 컴퓨터가 직장생활을 상상을 초월할 정도로 바꾸어놓을 것이다. 컴퓨터의 자료처리능력 또한 획기적으로 향상됨으로써 다량의 자료를 빠르게 처리할 수 있는 빅데이터 기술이 출현했다. 이 기술은 현재 자연 언어처리, 인간게놈 분석, 날씨 시뮬레이션, 금융사기 추적 시스템 등에 적극적으로 도입되고 있다.

시간과 공간의 제약을 없애다

오늘날의 컴퓨터는 방금 언급한 가정, 학교, 직장을 넘어 사람이 활동하는 수많은 장소에서 사용되며, 또한 고정된 위치에서만 사용해야 하는 공간적 제약을 받지 않는다.

숙박시설들의 인터넷 접속 서비스, 휴식시설들의 인터넷 카페, 각종 셀프 서비스를 누릴 수 있는 소비자 키오스크, 점원의 도움이 필요 없는 셀프 체크아웃 시스템, 물리적 공간이나 장치의 제한 없이 자신의 데이터를 이용할 수 있는 클라우드 컴퓨팅 등은 컴퓨터를 이용할 수 있는 공간을 훨씬 광범위하게 해준다.

더구나 오늘날에는 이동 중에도 컴퓨터를 다양하게 이용할 수 있다. 1978년에 처음으로 상용화된 휴대전화는 전화기의 개념을 완전히 바꾸어놓았다. 특히 1994년에는 스마트폰으로 발전해 현재는 우리의 일상을 지지해주는 편의도구가 되었다. 예컨대 전화를 거는 것은 기본이고 텍스트 메시지를 보내고, 웹페이지를 보거나 이메일을 주고받고, 사진을 찍고, 게임을 하고, 음악과 영화를 내려받아 감상하고, 텔레비전을 보거나 라디오를 듣고, 길을 찾아가고, 일정을 관리하고, 전화번호를 저장하고, 메모를 하는 등 그야말로 일상생활의 대부분에 활용된다. 가까운 장래에는 시계, 안경 등에 컴퓨터가 장착되는 착용가능 기술이 실용화됨으로써 우리 일상생활은 더욱더 컴퓨터에 의존하게 될 것이다.

컴퓨터는 인간의 이동 자체에도 직접적인 도움을 준다. 운전을 도와주는 글로벌 위치파악 시스템GPS은 이미 현대인의 생활 필수품이 되었다. 나아가 사람이 운전할 필요 없이 주행해주는 무인자동차 또는 자동운전차의 일상적 실용화도 머지않은 것으로 알려져 있다.

이상에서 본 바와 같이, 오늘날 우리 생활은 컴퓨터를 중심으로 하는 다양한 정보기술을 얼마나 광범위하게 그리고 얼마나 효과적으로 이용하느냐에 따라 완전히 달라질 수 있다. 앞으로는 더욱더 그러할 것이다. 그러므로 우리는 컴퓨터를 사랑하지 않을 수 없다.

먼저 컴퓨터를 알자[2]

구성과 작동 기제

컴퓨터 시스템은 하드웨어와 소프트웨어로 구성된다. 하드웨어란 컴퓨터가 자료를 받아서 그것을 관리할 때 이용하는 기계를 말한다. 하드웨어에는 컴퓨터에 자료를 입력하는 입력 하드웨어, 입력된 자료를 조작하는 처리 하드웨어, 처리한 결과를 제시하는 출력 하드웨어, 처리한 결과를 보관하는 저장 하드웨어, 처리한 결과를 다른 사람에게 전달하는 통신 하드웨어 등이 있다.

소프트웨어란 하드웨어에 무엇을 어떻게 할 것인가를 지시하는 프로그램을 말한다. 여기에는 컴퓨터를 작동하게 하는 시스템 소프트웨어와 구체적인 과제를 수행하게 하는 응용 소프트웨어가 있다.

〈그림 4〉에서 보는 바와 같이, 우리가 컴퓨터를 켜면 시스템 소프트웨어가 작용해서 컴퓨터가 작동(부팅)된다. 그런 다음 응용 소프트웨어의 지시로 입력 하드웨어를 통해 여러 가지 자료와 명령을 받아서, 응용 소프트웨어의 지시에 따라 처리 하드웨어를 통해 조작한다. 그리고 그 결과를 응용 소프트웨어의 지시에 따라 출력 하드웨어를 통해 제시해주며, 이를 다시 응용 소프트웨어의 지시에 따라 저장 하드웨어를 통해 보관하거나 통신 하드웨어를 통해 다른 사람에게 전달한다.

그림 4 | **컴퓨터의 구성과 작동**

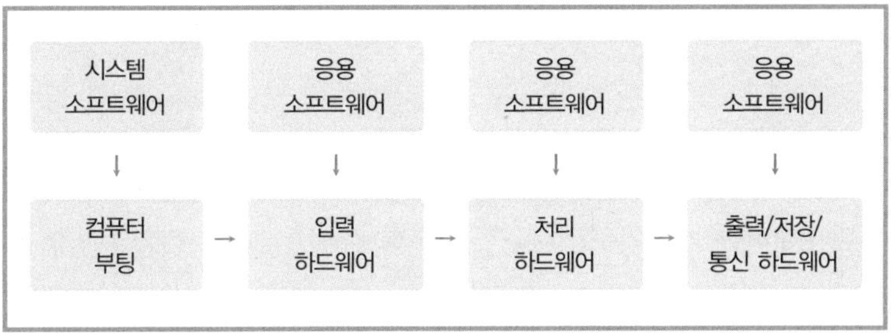

시스템 소프트웨어	응용 소프트웨어	응용 소프트웨어	응용 소프트웨어
↓	↓	↓	↓
컴퓨터 부팅	입력 하드웨어	처리 하드웨어	출력/저장/ 통신 하드웨어

하드웨어

하드웨어의 핵심 기능은 처리 하드웨어의 중심인 중앙처리장치CPU가 담당한다. 입력 하드웨어를 통해 입력되는 자료들은 응용 소프트웨어의 지시에 따라 램RAM과 같은 임시저장장치 또는 하드디스크나 솔리드 스테이트 드라이브SSD 등의 영구저장 하드웨어에 저장된다.

이 자료에 대해 CPU의 제어장치가 응용 소프트웨어의 지시에 따라 CPU의 연산·논리장치ALU로 하여금 연산과 논리 조작을 실행하게 함으로써 자료가 처리된다. CPU는 제어장치와 ALU로 구성되는데, 제어장치는 CPU 내의 조작과 활동을 담당하고, ALU는 연산과 논리 조작을 담당한다. 연산 조작은 가감승제를 말하고, 논리 조작은 2가지 수치의 크기가 동일한지를 비교하거나 특정 조건이 사실인지를 결정하는 것을 말한다.

ALU가 자료를 처리하는 동안의 중간결과와 ALU의 처리가 끝난 처리결과는 일시적으로 레지스터 같은 저장 하드웨어에 저장된다. 또한 처리결과는 응용 소프트웨어의 지시에 따라 출력 하드웨어를 통해 출력되고, 하드디스크 또는 플래시메모리 같은 저장 하드웨어에 저장되며, 통신 하드웨어에 의해 다른 사람들에게 전달된다.

소프트웨어

소프트웨어는 개발자들이 쉽게 이해할 수 있는 고급 프로그램 언어로 작성한다. 프로그램 언어는 사람이 쉽게 알아볼 수 있는 언어인

데, 컴퓨터에 입력되면 변환기 등을 통해 기계어 또는 바이트코드 같은 저급 프로그램 언어로 바뀐다. 저급 언어는 컴퓨터가 직접 알아볼 수 있는 바이너리 시스템으로 구성된다. 전통적인 고급 프로그램 언어로는 베이직BASIC, 비주얼베이직Visual Basic, 파스칼Pascal, 코볼COBOL, 씨더블플러스C++, 자바Java 등이 있다. 웹페이지에는 마크업 언어와 스크립팅 언어가 이용된다.

그리고 소프트웨어가 컴퓨터에 입력되는 자료를 저장하거나 표기할 때에는 아스키IIASCII나 유니코드Unicode 같은 표준을 이용해 컴퓨터가 알아볼 수 있는 바이너리 시스템을 사용한다. 결국 컴퓨터의 내부에서는 모든 지시와 자료가 바이너리 시스템으로 표현되어 처리된다.

바이너리 시스템이란 컴퓨터에 지시와 자료를 입력할 때 숫자, 문자, 부호 등을 표기하는 방식의 하나다. 바이너리 시스템은 모든 상태를 켬on(전기를 켠 상태)과 끔off(전기를 끈 상태)의 두 상태로 이해하고, 켬의 상태는 1 그리고 끔의 상태는 0으로 표현한다. 바이너리 시스템에서는 수치를 표현할 때 십진법에서의 2를 기수로 하여 오른쪽부터 2^0, 2^1, 2^2, 2^3,……를 나타내는데, 해당 자릿수에 숫자가 있으면 1, 없는 상태이면 0으로 표현한다. 예컨대 십진법의 5를 표현할 때 '$5=2^2+2^0$' 이므로 2^0의 자릿수(맨 오른쪽)에는 1, 2^1의 자릿수(오른쪽에서 두 번째)에는 0, 2^2의 자릿수(오른쪽에서 세 번째)에는 1을 표현한다. 즉, 바이너리 시스템상 101이 되는 것이다.

오늘날 컴퓨터 시스템에 이용되는 자료의 크기는 바이너리 시스템으로 변환했을 때 1 또는 0의 개수로 표현된다. 1개의 1 또는 0을 보통 비트라 하고, 8개의 비트를 합쳐서 바이트라 한다. 대량의 자료에는 킬로바이트KB(약 1,000바이트), 메가바이트MB(약 100만 바이트), 기가바이트GB(약 10억 바이트), 테라바이트TB(약 1조 바이트), 페타바이트PB(약 1,000조 바이트) 등의 단위가 사용된다. 예컨대 어떤 컴퓨터의 용량이 1TB라고 하면 그 컴퓨터가 약 1조 바이트 크기의 자료까지를 저장, 처리할 수 있음을 말한다.

컴퓨터는 시스템 소프트웨어 중 운영 시스템OS의 작동으로 움직인다. 운영 시스템은 컴퓨터를 작동하게 할 뿐만 아니라 컴퓨터 사용자가 다른 소프트웨어들을 사용하거나 컴퓨터에 저장된 자료들을 관리할 수 있게도 해준다. 널리 이용되는 운영 시스템으로는 윈도우Windows, 맥OSMac OS, 리눅스linux 등이 있다.

컴퓨터에서 실제 작업은 응용 소프트웨어가 하드웨어를 가동시킴으로써 이루어진다. 통상 많이 이용되는 응용 소프트웨어로는 워드프로세서, 스프레드시트 소프트웨어, 데이터베이스 소프트웨어, 영상편집 소프트웨어, 웹 브라우저, 멀티미디어 소프트웨어, 이메일 프로그램, 각종 게임 등이 있다. 그리고 컴퓨터 사용자들이 프로그램 언어를 이용해 자신의 프로그램을 만들도록 도와주는 응용 소프트웨어도 있다.

네트워크

오늘날에는 대부분 컴퓨터가 네트워크로 연결되어 있다. 컴퓨터 네트워크는 서로 다른 컴퓨터들의 하드웨어와 기타 장치들이 전자적으로 서로 연결된 집단을 말한다.

세계에서 가장 크고 가장 잘 알려진 컴퓨터 네트워크는 인터넷이다. 이 네트워크에서는 컴퓨터 사용자들의 컴퓨터가 인터넷 서비스 제공업자ISP들의 컴퓨터들에 연결된다. ISP는 수수료를 받고 인터넷 접속 서비스를 제공하는 업체다. ISP 컴퓨터들은 지역 네트워크라고 부르는 더 큰 네트워크에 연결되며, 이 지역 네트워크 컴퓨터들은 백본 네트워크라고 부르는 한 국가 내의 주요 고속 네트워크 중 하나에 연결된다. 그리고 이 백본 네트워크들은 다른 국가들의 백본 네트워크들을 포함하여 백본 네트워크 상호 간에 연결되어 인터넷이라고 부르는 하나의 거대한 네트워크를 형성한다. 말하자면, 인터넷은 네트워크들(ISP 네트워크들)의 네트워크들(지역 네트워크들)의 네트워크들(백본 네트워크들)의 네트워크다.

인터넷의 보편적인 용도는 크게 3가지로 볼 수 있다. 월드와이드웹www에 접속하는 것과 이메일의 교환 그리고 기타 응용들이 그것이다.

WWW는 컴퓨터 사용자들이 인터넷을 통해 얻을 수 있는 개인들 또는 조직들의 정보를 담은 자료의 집합체다. 인터넷에 가입한 컴퓨터 사용자들은 ISP로부터 인터넷 프로토콜 주소(IP 주소)와 도메인 명칭을 부여받는다. 이들은 한편으로는 WWW에 정보를 제공하고, 다른 한편으로는 다른 컴퓨터 사용자들의 IP 주소 또는 도메인 명칭을 통해 WWW에 접속해 해당 컴퓨터 사용자들에 관한 정보를 얻는다.

여기서 한 걸음 더 나아가 웹서버가 제공하는 구체적인 웹페이지에 접속하고자 하는 경우에는 공통자원탐색자URL를 사용하여 웹을 서핑한다. 정보를 담은 화면을 웹페이지라고 부르며, 한 개인이나 회사에 속하는 웹페이지들의 집합을 웹사이트라고 부른다. 그리고 이들 웹사이트들은 ISP들의 웹서버라고 부르는 컴퓨터들에 저장된다. 이들 웹서버를 통해 웹사이트에 접속하는 것을 브라우징이라고 한다. 브라우징을 가능하게 해주는 웹브라우저로는 인터넷 익스플로러Internet explorer, 사파리Safari, 오페라opera, 파이어폭스Firefox, 크롬Chrome 등의 컴퓨터 프로그램들이 있다. 그리고 우리가 정보를 얻고자 하는 대상의 도메인 명칭 혹은 URL을 알고 있지 못할 경우에는 검색 사이트 및 참고 사이트들을 통해 인터넷 검색을 실시하면 해당 웹사이트에 접속할 수 있다.

이메일은 컴퓨터 사용자들이 인터넷을 통해 서로 메시지를 주고받는 것을 말한다. 컴퓨터 사용자가 이메일을 사용하기 위해서는 이메일 서비스 공급자로부터 이메일 주소를 부여받아야 하며 상대방 역시 그렇게 부여받은 이메일 주소가 있어야 한다. 그러면 인터넷을 통해 메시지를 보내고 받을 수 있다.

이메일 프로그램으로는 넷스케이프 메일Netscape Mail, 마이크로소 프트 아웃룩 익스프레스Microsoft Outlook Express, 마이크로소프트 아웃 룩Microsoft Outlook 또는 각자의 ISP가 사용하는 전용 메일 프로그램 proprietary mail program이 있다. 그리고 웹 베이스드 이메일로는 핫메일 Hotmail, 야후메일Yahoo! Mail, 에이오엘메일AOL Mail, 구글지메일Google Gmail 등이 있다.

그 외에 기타 응용은 무궁무진하다고 할 수 있다. 온라인 통신, 사 교 네트워킹, 온라인 거래, 온라인 오락, 온라인 정보, 온라인 교육 등 갈수록 더욱 다양해지고 있다. 각각을 정리해보면 다음과 같다.

- **온라인 통신:** 즉시 메시징IM, 인터넷 전화VoIP, 토론 그룹, 채팅룸, 비 디오컨퍼런스, 웹비나, 블로그 등

- **사교 네트워킹:** 가족 네트워킹 사이트, 사진 공유 사이트, 개인 프로필 사이트, 비즈니스 네트워크 사이트 등

- **온라인 거래:** 온라인 쇼핑, 온라인 경매, 온라인 뱅킹, 온라인 투자 등

- **온라인 오락:** 온라인 음악, 온라인 텔레비전, 온라인 비디오, 브이오 디VOD, 온라인 게임 등

- **온라인 정보:** 뉴스 사이트, 참고 사이트, 포털 페이지, 알에스에스피 드RSS, 팟캐스트, 상품 정보, 기업 정보, 정부 정보 등

- **온라인 교육:** 웹기반훈련, 원격학습, 온라인 시험, 온라인 라이팅 등

더욱 안전한 컴퓨터 활용을 위하여[3]

하드웨어 관리

컴퓨터는 많은 사람에게 편의를 주지만, 부정적 측면 또한 있다. 하드웨어와 소프트웨어 및 네트워크의 안전, 컴퓨터 사용자의 건강, 정보 격차의 문제 등이 그것이다.

먼저, 컴퓨터 하드웨어에는 분실과 파손, 컴퓨터 시스템 전체의 기능이 마비되는 시스템 실패라는 위험이 항상 따른다. 하드웨어의 안전을 위해서는 다음과 같은 조치를 하는 것이 중요하다. 기본적으로 분실을 방지하기 위해 케이블 잠금장치나 랩톱 경보 소프트웨어 등을 이용할 수 있고, 분실의 피해를 최소화하기 위해 디스크 완전 암호화나 컴퓨터추적 소프트웨어, 킬 스위치 등을 이용할 수 있다. 파손을 방지하려면 충격이나 먼지, 열, 정전기, 습기 등을 피하고 환기에 유의해야 한다. 그리고 시스템 실패를 방지하기 위해서는 사용설명서를 자세히 읽고 의문사항이 있을 때는 전문가나 제조업체에 문의해야 한다. 이러한 컴퓨터 하드웨어의 위험에 대비하기 위해서는 모든 내장 자료를 정기적으로 백업하고 재난회복 계획을 세우는 일이 가장 중요하다.

소프트웨어 관리

소프트웨어는 하드웨어에 저장되기 때문에 별도의 분실이나 파손의

우려가 거의 없다. 소프트웨어의 시스템 실패는 대부분 네트워크를 통해서 일어나므로, 소프트웨어의 안전에 대해서는 바로 아래에서 네트워크의 안전을 논할 때 함께 다룬다.

다만 소프트웨어를 통해 저장되는 문서, 사진, 동영상 등의 자료는 시스템 소프트웨어 또는 응용 소프트웨어의 불완전성 탓에 훼손되거나 삭제될 위험이 있다. 중요한 자료들은 두 개 이상의 서로 다른 물리적 공간에 저장하는 백업 시스템을 마련해두어야 한다.

네트워크상 보안 문제

네트워크와 관련해서는 여러 가지 중대한 위험이 있다. 그런 만큼 이들 위험에 여러 가지 다양한 대응 프로그램이 개발되어 있다. 그러므로 여기에 제시한 프로그램들을 광범위하게 조사하고 이용하며 수시로 업데이트하길 바란다.

첫째, 인가되지 않은 사람이 네트워크를 통해 남의 컴퓨터 시스템에 접속하는 해킹의 문제가 있다. 해커들은 네트워크상의 데이터를 훔쳐보고 임의로 수정하거나 전송하는 데이터 하이재킹 문제를 일으킨다. 또한 컴퓨터의 서비스를 방해하거나, 웹사이트의 내용을 바꾸거나, 컴퓨터에 저장되어 있거나 네트워크를 통해 이전되는 자료 또는 프로그램을 없애거나 바꾸는 컴퓨터 사보타지 문제를 일으킨다. 해커들의 접속을 막기 위해서는 자기 컴퓨터의 사용자 이름, 암호, 개인 식별번호PIN, 패스코드, 소유지식증명 시스템PKAS, 소유물품 접속 시스템, 인체측정 접속 시스템, 무선 네트워크 접속통제 등의 방안이 필요하다. 해킹을 막기 위해 방화벽, 방해저지 시스템IPS, 암호화, 가상개인 네트워크VPN 등의 방안을 갖춰야 하며 컴퓨터 사보타지를 막기 위해서는 반바이러스 소프트웨어 등의 방안이 요구된다.

둘째, 인가되지 않은 사람이 컴퓨터에는 접속하지 않고 네트워크를 통해 자료가 전송되는 도중에 이들 자료에 접촉하는 통신 개입 문제가 있다. 이에 대해서는 백신 소프트웨어 등의 방안이 필요하다.

셋째, 해커들이나 통신 개입자들은 해킹이나 통신 개입을 통해 얻은 정보를 이용해 사기와 절도 등의 행위를 저지르는 피싱의 문제를 일으킨다. 이에 대해서는 여러 가지 섬세한 주의를 기울임으로써 대처해야 한다.

넷째, 네트워크와 관련해서는 네트워크를 통해 컴퓨터 사용자의 프라이버시가 침해되는 문제가 항상 존재한다. 프라이버시 문제에는 컴퓨터 사용자에 관한 정보가 바람직하지 않게 누출되는 정보 프라이버시 문제와 컴퓨터 사용자의 행동이 감시되는 전자감시 문제가 있다. 정보 프라이버시에 대해서는 쉽게 버릴 수 있는 이메일 주소를 추가로 사용하는 등의 방법으로 정상적인 이메일 주소를 안전하게 지키고, 개인 정보를 밝히는 데 매우 주의를 기울여야 하며, 스팸 필터나 옵트 아웃 등을 이용하고, 하드웨어를 폐기할 때는 반드시 거기 담긴 정보를 없애는 등 주의 깊게 대처해야 한다. 그리고 전자감시 문제에 대해서는 반스파이웨어 소프트웨어 등 개인의 컴퓨터를 보호하는 소프트웨어 프로그램들을 이용할 수 있다.

건강관리

컴퓨터를 사용함으로써 눈의 피로, 시야 흐림, 피로, 두통, 등 통증, 손목 및 손가락 통증, 청력 저하 등의 건강상 문제가 발생할 수 있다. 특히 운전 중에 사용하면 육체적 건강과 안전에 악영향을 미친다. 그리고 컴퓨터의 장기간 사용은 스트레스의 누적, 컴퓨터 및 인터넷 중독 등과 같이 정신적 건강과 안정에도 영향을 미칠 수 있다.

육체적 건강에 미치는 영향을 줄이기 위해 인간공학을 활용한 작업 환경을 만들고, 인간공학 하드웨어를 사용할 것을 권한다. 또 컴퓨터를 사용할 때는 올바른 자세를 취하고, 15분마다 스트레칭을 하며, 눈을 자주 깜박거리고, 될 수 있으면 볼륨을 낮게 하는 등 좋은 습관을 기르고 적절한 주의를 기울여야 한다. 그리고 정신적 건강에 미치는 영향을 줄이기 위해서는 컴퓨터 사용 시 긍정적 측면으로 사고를 집중시키고 컴퓨터 및 인터넷 중독 여부를 조기에 판단해 치료해야 한다.

정보 격차의 문제

컴퓨터가 일으키는 또 하나의 문제는 정보 격차의 문제다. 정보 격차란 나이, 성별, 교육 수준, 소득 수준, 신체적 능력, 인종 그리고 국가 등에 따라 컴퓨터 및 관련 기술들을 이용할 수 있는 정도와 방식에서 차이가 생김으로써 개인 또는 그룹이 이용할 수 있는 정보 및 통신 수준에 격차가 생기는 현상을 말한다. 이를 '디지털 분할digital divide' 또는 '가진 자haves 대 못 가진 자have nots'의 문제라고도 한다. 예컨대 전 세계에서 13억 명, 즉 세계 인구의 20퍼센트만이 온라인을 활용할 수 있는 것으로 알려져 있다.

한국은 나이, 성별, 교육 수준, 소득 수준 및 신체적 능력에 따른 정보 격차는 상당한 정도이지만 최근 점차 축소되는 경향을 보이고 있다. 국제적으로 비교해보면 한국은 컴퓨터의 보급과 이용에서 세계적으로 가장 앞선 국가 중 하나다. 이와 같은 국제적 우위를 계속 유지하기 위해 각종 컴퓨터 기술의 개발과 보급 그리고 계층 간 격차의 축소를 위해 정책적으로 계속해서 노력을 기울여야 한다. 아울러 컴퓨터 사용자들도 무한히 발전하는 컴퓨터 기술에서 뒤처지지 않도록 끊임없이 노력해야 한다.

더욱 쾌적한 컴퓨터 사용 환경을 위하여[4]

컴퓨터 윤리

컴퓨터 윤리는 컴퓨터 사용자가 지켜야 할 도덕적 기준을 말한다. 이는 법률적인 기준과 반드시 일치하는 것은 아니다. 일반적으로 불법적인 것은 동시에 비윤리적이지만, 합법적이라고 해서 반드시 윤리적인 것은 아니다. 컴퓨터 윤리에는 저작권의 존중, 공용 컴퓨터의 윤리적 사용, 정직, 프라이버시의 존중, 인터넷상 유언비어 및 디지털 조작digital manipulation의 예방, 환경 문제에 대한 고려 등이 포함된다.

저작권 문제

컴퓨터 사용자는 저작권이 있는 소프트웨어, 도서, 웹상의 논문 등 각종 자료, 음악, 영화 등을 복사하거나 다른 사람들과 공유하거나 그 밖에 여러 가지 용도로 사용할 때 법률적으로는 물론 윤리적으로도 올바른 방법을 써야 한다.

소프트웨어를 샀을 때 패키지에 포함되어 있거나 소프트웨어를 컴퓨터에 설치할 때 컴퓨터 화면에 제시되는 조건들을 준수해야 한다. 아울러 참고한 도서, 신문 기사, 전자도서e-book, 웹상 논문들의 근거를 정확하게 표시하는 등 표절의 유혹에 빠지지 않도록 각별한 주의를 기울여야 한다. MP3파일이나 오디오CD 등으로 합법적으로 취득한 음악은 개인적이고 비상업적으로만 쓰고 사용동의를 어기지 않도록 유의해야 하며 불법적으로 제작, 판매되는 영화들을 구입하는 것은 윤리적으로 바람직하지 않은 일임을 명심해야 한다.

공용 컴퓨터 사용 시

모든 조직원은 조직이 소유한 PC, 프린터, 복사기, 전화기, 팩스 등의 공용 컴퓨터를 개인적 용도로 사용할 때 조직의 행동강령을 준수해야 한다. 사실 이런 언급은 불필요하다 할 정도로 당연한 것이다. 행동강령이 없는 경우에는 컴퓨터 사용자들이 상식적인 수준에서 윤리적으로 판단해야 한다.

익명성의 문제

컴퓨터와 인터넷은 어떤 면에서 볼 때 정직을 깨뜨리기 쉬운 환경이다. 예컨대 숙제나 온라인 시험에서 속임수를 쓰거나, 온라인 이력서에서 과장된 이력을 늘어놓거나 채팅룸 등에서 거짓을 동원해 과시하는 등의 일들이 일어나기 쉽다. 하지만 컴퓨터 사용자들은 자신을 언제나 정직하게 표현하도록 유의해야 한다. 채팅룸에서 자신을 표현할 때 일부 사람들은 눈에 띄는 방식으로 묘사하는 것이 개인의 권리라고 믿지만, 대부분은 어떤 형태의 부정직도 비윤리적이라고 생각한다. 자신을 묘사할 때는 일단 자신이 바라는 방식으로 표현한 뒤 다른 사람들이 그러한 표현을 정직한 묘사라고 볼 것인가 과장이나 허위라고 볼 것인가를 진지하게 생각해보아야 한다.

개인 정보 노출과 유포의 문제

우리는 컴퓨터를 사용함으로써 타인에 관한 정보를 이전보다 훨씬 더 많이 얻게 되고, 훨씬 쉽고 빠르게 이용할 수 있게 되었다. 이에 따라 타인에 관한 정보를 다른 사람들에게 유포하고자 하는 유혹에 빠지기가 매우 쉬운 상황이다. 반드시 타인에게 괴롭힘을 주기 위해서만이 아니라 단순한 재미를 위해서 또는 특별한 의도 없이 정보를 퍼뜨릴 수 있다. 그러나 이러한 정보의 유포는 당사자에게 뜻밖의 피해를 준다.

컴퓨터를 사용하면서 얻은 타인에 관한 정보는 원칙적으로 자신만이 보유하고 있어야 한다. 그리고 그것을 사용할 필요가 있을 때에도 타인의 프라이버시를 조금이라도 해치지 않도록 매우 신중하게 윤리적인 판단을 거쳐야 한다.

유언비어나 정보 조작의 문제

인터넷상 유언비어는 컴퓨터를 이용해 전파되는 부정확한 표현이나 얘기를 일컫는다. 때로는 웹페이지에도 실리지만 보통 이메일, 사교 네트워크 서비스, 메시징 등을 통해 전파된다. 디지털 조작은 텍스트, 이미지, 사진, 음악 또는 그 밖의 기타 디지털 콘텐츠에 나름의 수정을 가해 제시하는 것을 말한다. 이처럼 헛소문을 만들어 퍼뜨리거나 조작을 가해 제시하는 행동은 어떤 이유나 목적에서라도 절대 해서는 안 된다. 이메일 등으로 받았거나 웹사이트에서 읽은 내용이 아무리 실제적이거나 놀랍게 보이더라도, 그것을 다른 사람에게 전달할 때는 그러한 전달의 윤리적 타당성에 대해 이중 삼중의 검토를 해야 한다.

환경에 미치는 영향

컴퓨터 사용의 증대는 환경과 자원에도 여러 가지 문제를 일으킨다.

PC, 서버, 컴퓨터 부품들을 작동하는 데 사용되는 에너지의 양은 컴퓨터 장비 때문에 발생하는 열량과 더불어 중대한 문제가 되고 있다. 컴퓨터의 보급과 함께 종이 사용량도 더 늘어 폐지가 쓰레기 매립장을 채울 정도다. 컴퓨터 장비에 들어가거나 컴퓨터의 생산과 관련 기술들로 만들어지는 위험한 재료들은 폐기해야 하는 컴퓨터 생산물과 더불어 중대한 문제가 되고 있다.

이들 문제에 대해서는 선진국들을 중심으로 각국 정부가 '그린 컴퓨팅' 등 종합적인 대책들을 마련하고 있다. 컴퓨터를 사용하는 기업들 역시 환경에 미치는 영향을 최소화하기 위해 다각적으로 노력하고 있다.

이러한 때 컴퓨터 사용자 개개인 역시 환경과 자원의 문제를 고려해 지켜야 할 윤리 기준을 세우는 것이 마땅하다. 그 기준에는 다음의 4가지가 포함되어야 한다.

첫째, 컴퓨터를 한 시간 이상 사용하지 않을 때는 반드시 전원을 끈다.

둘째, 휴대전화의 충전이 끝나면 바로 전원에서 분리한다.

셋째, 불가피한 경우가 아니면 종이를 사용하지 않음으로써 '종이 없는 사무실'에 접근하는 노력을 최대한 기울인다.

넷째, 컴퓨터 관련 폐기물은 비용이 들더라도 정해진 절차에 따라 폐기한다.

TIPS

컴퓨터를 사랑하는 9가지 팁

1 컴퓨터의 능력은 자신의 컴퓨터 이용 능력에 달려 있음을 인식하라.

2 컴퓨터의 구조와 작동 원리를 이해하라.

3 컴퓨터에 내장되는 모든 자료를 정기적으로 백업하고, 재난 대비 계획을 세워두라.

4 하드웨어의 분실·파손·시스템 실패를 방지하고, 네트워크상의 무임승차·컴퓨터 사보타지·피싱을 방지하며, 정보 프라이버시를 지키고 전자감시를 방지하는 장치를 정기적으로 업데이트하라.

5 컴퓨터로부터 육체적, 정신적 건강을 지키라.

6 디지털 분할에서 앞서 가라.

7 모든 디지털 콘텐츠의 이용에서 저작권을 존중하라.

8 컴퓨터를 이용할 때 자신에 대해 정직하고, 타인의 프라이버시를 존중하며, 인터넷상 유언비어와 디지털 조작에 편승하지 말라.

9 그린 컴퓨팅의 전도사가 되라.

경청

우리가 남의 말을 듣는 것은, 그의 말을 나의 사고와 행동에 '참고' 하거나 상대방을 '이해' 하거나 상대방으로 하여금 나를 '이해' 하게 만들거나 상대방과 '합의' 에 이르기 위해서다. 이러한 목적을 달성하려면 어느 경우에도 상대방의 얘기를 끝까지 들어야 한다. 그런데 그게 잘 안 된다. 얘기를 좀 듣다 보면 상대방이 제대로 알지 못하거나 틀린 생각을 하고 있다는 생각에 말을 중간에 끊게 된다.

상대방의 말을 중간에 끊는 것은 대화의 목적을 달성하는 데 조금도 도움이 되지 않는다. 말을 끝까지 듣지도 않고 어떻게 그의 얘기에서 충분한 도움을 받을 수 있으며, 그를 이해하거나 그가 나를 이해하게 할 수 있겠는가. 얘기를 끝까지 들어보지 않고 어떻게 그의 입장과 주장의 이유를 알 수 있겠는가. 또한 입장과 이유를 모르고 어떻게 상대방의 주장에 합의하거나 상대방을 나의 주장에 합의하게 만들거나 양자의 주장이 타협하는 합의에 도달할 수 있겠는가.

인간관계에서 '경청'만큼 중요한 것은 없다. 상대방 입장에 서서 그의 얘기를 끝까지 듣는 것이 경청이다. 경청을 위해서는 나 자신을 잊어야 한다. 상대방의 말을 들으면서도 속으로는 그 내용을 계속 내 생각에 비추어 평가하다 보면 도중에 평가가 튀어나오게 마련이다. 잡념 때문에 잡음이 나오지 않게 하려면 '무념적 경청'을 해야 한다. 그리고 거기서 한 걸음 더 나아가 상대방의 머리, 가슴, 마음속으로 파고들어 그의 얘기를 끝까지 집중해서 듣는다면 경청은 완성된다. '몰입적 경청' 이야말로 경청의 최고 경지다.

경청 후 그의 견해와 시각을 참고하거나 무시할 것인지, 내가 그를 이해할 것인지 또는 그가 나를 이해하게 할 것인지, 나의 견해와 주장을 그의 것에 맞추거나 그 반대로 할 것인지 또는 절충안을 만들 것인지는 전적으로 내가 판단, 선택할 일이다. '경청'을 통해 '참고'와 '이해'와 '합의'가 잘 이루어지는 사회일수록 인간다운 삶을 영위할 수 있는 사회가 될 것임이 분명하다.

지식사회에서 성공하기 위한 다짐

"역사가 반복되지 않고
항상 기대하지 않았던 일들이 일어난다면,
인간이 경험으로부터
배우기란 불가능할 것이다."

조지 버나드 쇼●

● George Bernard Shaw(1856~1950). 아일랜드의 극작가. 런던경제대학원London
School of Economics의 공동 창립자이자 영국의 점진적 사회주의 단체인 페이비언소
사이어티Fabian Society(1884년 창립)의 초창기 멤버. 노벨문학상(1925)과 오스카 아
카데미상(1938)을 함께 받은 유일한 인물이다. 소설로 성공하지 못해 한때 평론에
관심을 가졌다가 스물아홉 살에 희곡을 쓰기 시작해 쉰여섯 살에 희대의 명작《피
그말리온Pygmalion》을 썼고 평생 60편 이상의 희곡을 남겼으며 아흔넷의 나이에 또
한 편의 희곡을 쓰다가 운명했다.

시계열접근이란?[1]

점진적 혁신을 가져오는 시계열접근

앞으로의 지식사회가 요구하는 경쟁력의 원천은 혁신지식이며, 혁신지식은 정보력과 창의력과 협력이 결합해 만들어진다는 사실을 앞서 이야기했다. 그리고 창의력에는 점진적 창의력과 급진적 창의력이 있으며, 점진적 창의력은 점진적 혁신을 가져오고 급진적 창의력은 급진적 혁신을 가져온다는 사실도 살펴보았다.

앞서 언급한 바와 같이, 점진적 창의력은 기존의 발상구도하에 기술/절차의 부분적인 변화를 통해 새로운 기술/절차를 만들어내는 능력을 말하고, 급진적 창의력은 기존의 발상구도를 역전한 새로운 발상구도하에 기술/절차의 근본적인 변화를 통해 새로운 기술/절차를 만들어내는 능력을 말한다. 점진적 창의력에 의해 점진적 혁신을 가져오는 방법에는 시계열접근과 횡단면접근이 있고, 급진적 창의력에 의해 급진적 혁신을 가져오는 방법으로는 역발상이 있다. 여기서는 시계열접근을 살펴보기로 한다.

시계열접근이란 시계열자료를 이용한 접근을 말한다. 시계열자료란 본디 통계학에서 사용하는 개념으로 시간의 흐름에 따라 어떤 현상의 속성이 연속적으로 변화하는 것을 모아둔 자료다. 예컨대, 날마다 달라지는 주식의 가격을 날짜순으로 모으면 주식 가격의 시계열자료가 된다. 매 시간의 기온, 매일의 강우량, 매일의 판매량, 매월의 수출액, 매월의 생산량 증가율, 매년의 인구 증가율 등 우리의 생활은 무수히 많은 시계열자료로 둘러싸여 있다고 볼 수 있다.

현상의 묘사, 설명, 예측 그리고 통제

시계열자료는 여러 가지 목적을 위해 만들어진다.

첫째, 어떤 현상을 묘사하기 위해서다. 어떤 현상의 값을 시간의 흐름에 따라 정리해보면 그 현상의 특징을 묘사할 수 있다. 예컨대 기온의 시계열에 의해 기온이 여름에는 오르고 겨울에는 내린다는 사실이 묘사되고, 어떤 회사의 매출액 시계열에 의해 그 회사의 매출액이 해마다 증가한다는 사실이 묘사된다.

어떤 현상들은 이처럼 단순히 시계열자료를 만듦으로써 특징을 쉽게 묘사할 수 있다. 그렇지만 어떤 현상들은 단순한 시계열자료를 작성하는 것으로는 묘사되지 않고 상당히 복잡한 기법을 동원해 분석해야만 그 시계열자료가 나타내는 현상에 대해 특징을 묘사할 수 있다. 통계학에서는 시계열자료를 이용하여 우리 생활의 많은 현상에 대해 특징을 묘사하는 여러 가지 분석기법이 개발되어 있다.

둘째, 어떤 현상을 설명하기 위해서다. 어떤 2가지 또는 그 이상의 현상들에 대해 시계열자료들을 만들면 1가지 현상의 변화로 다른 현상의 변화를 설명할 수 있는 경우가 흔히 있다. 예컨대, 어떤 회사의 매출액 시계열자료와 이윤 시계열자료를 비교해보면 매출액의 증감에 따라 이윤이 증감한다는 사실이 설명된다.

현상을 설명하고자 할 때도 이같이 시계열자료의 단순한 비교로 설명이 되는 경우도 있지만, 대개는 복잡한 분석기법을 동원해야만 자료들 간의 상호 관계가 설명된다. 통계학에서는 시계열자료를 이용해 우리 생활의 많은 현상에 대해 상호 관계를 설명하는 여러 가지 분석기법 또한 개발되어 있다.

셋째, 어떤 현상을 예측하기 위해서다. 어떤 현상에 대해 시계열자료를 만들면, 그 시계열자료가 나타내는 현상이 앞으로 어떤 값을 가질 것인가를 예측할 수 있다. 예컨대 어떤 회사의 월별 매출액에 대한 시계열자료를 만들었을 때 회사의 매출액이 상당한 기간에 걸쳐서 매월 일정한 비율로 증가해온 것을 알게 되면, 앞으로 어느 기간은 이 회사의 매출액이 매월 그와 같은 비율로 증가할 것이라 예측할 수 있다.

물론 이때도 시계열자료의 단순한 직접 관찰로 미래의 값을 바로 예측할 수 있는 경우는 흔치 않다. 통계학에서는 역시 시계열자료를 이용해 우리 생활의 많은 현상에 대해 미래의 값을 예측할 수 있는 복잡한 분석기법들이 개발되어 있다.

넷째, 어떤 현상을 통제하기 위해서다. 어떤 현상의 시계열자료를 만들어 앞으로의 값을 예측해보고 현상의 값을 일정한 수준으로 유지하고자 하는 경우, 그 현상의 값을 직접 통제하거나 결정하는 요인들을 통제함으로써 목적을 이룰 수 있다.

예컨대 어떤 회사에서 제품의 불량률을 목표 수준 이내로 통제하고자 할 때, 무엇보다도 불량률의 시계열자료를 만들어 이후 값을 예측하고 이를 목표 수준 이내로 통제하는 방안을 마련해야 한다. 이러한 통제기법은 통계학보다는 공학, 수학 등에서 많이 개발되어 있다.

시계열접근은 어디에 유용한가

시계열을 이용해 우리 생활의 많은 현상을 묘사, 설명, 예측, 통제하는 것을 통계학 등에서는 시계열분석이라고 한다. 그러나 여기서는 시계열분석보다는 시계열접근이라는 표현을 사용하고자 한다. 시계열접근은 우리 생활의 여러 가지 기술/절차를 시계열적으로 다루는 것을 의미한다. 즉, 어떤 기술/절차가 현재 어떠한 상태에 있는가에 대해서만 관심을 갖는 것이 아니라 과거부터 미래까지 시계열적으로 따져본다는 뜻이다. 과거에서 현재에 이르기까지 그 기술/절차가 어떻게 변화해왔고, 어떠한 외부 여건과 외부 요인들이 작용해 그러한 변화가 일어났으며 그러한 변화가 어떠한 결과를 가져왔는가를 찾아내고, 이로부터 현재 당면한 외부 여건과 미래에 예상되는 외부 여건하에서 현재의 기술/절차를 어떻게 혁신할 것인가를 찾아내는 것이다.

시계열접근을 좀 더 거시적으로 표현하면, 역사적 접근이라고도 할 수 있다. 현재 관심을 갖는 우리 생활의 어떤 현상이 역사적으로 볼 때 어떻게 변화되어왔고, 그러한 변화가 어떠한 외부 여건하에서 어떠한 요인들이 작용해서 일어났는가를 역사적으로 살펴보기 때문이다. 그러나 여기서 역사적 접근보다 시계열접근이라는 표현을 선호하는 것은 문제를 더 세부적으로, 그리고 더 연속적으로 보고자 해서다.

어떤 기술/절차를 혁신하고자 할 때 가장 먼저 시도해야 하는 방법이 시계열접근이다. 현재의 기술/절차를 획기적으로 바꾸기 위해 처음부터 급진적 혁신 방안을 찾는 것은 그다지 바람직하지 않다. 왜냐하면 급진적 혁신 방안이란 그렇게 단기간 내에 손쉽게 찾아지는 것이 아니기 때문이다. 급진적 혁신 방안을 찾기에 앞서 시계열접근을 통해 점진적 혁신 방안을 먼저 찾아보는 것이 현명하다. 더욱이 시계열접근이야말로 혁신 방안을 찾는 가장 쉽고 안전한 방법이기도 하다.

아울러 '지혜 6: 역발상을 도모하라'에서 소개하는 급진적 혁신 방안도 시계열접근 및 횡단면접근에 의한 모색을 기초로 하여 도모하는 것이 바람직하다. 시계열접근 및 횡단면접근으로 만족할 만한 점진적 혁신 방안이 얻어지지 않더라도, 급진적 혁신 방안을 찾기 위해서는 그 방법들을 통해 얻은 정보와 지식이 매우 필요하고 유용하기 때문이다.

시계열접근의 방법

과제 선정

시계열접근으로 혁신하고자 하는 대상 기술/절차를 명백히 한다. 예컨대, 자동차회사의 판매부서에 근무하는 사람은 '우리 회사 자동차 판매 방식의 혁신'을 시계열접근의 과제로 설정할 것이다.

시계열자료 작성

주체 대상 기술/절차의 시계열자료를 수집할 주체를 선정한다. 대상 주체가 우리 조직일 수도 있고, 특정 경쟁 조직일 수도 있으며, 해당 분야 전체일 수도 있다. 분야 전체를 대상으로 할 때는 해당 분야 조직들의 일반적 또는 평균적 상황에 대해 시계열자료를 수집해야 한다.

만약 우리 조직이 그 분야에서 가장 앞서 가는 선두주자라면 우리 조직을 대상으로 하는 것이 바람직하다. 그렇지 못할 경우에는 경쟁 조직을 대상으로 하되 될 수 있으면 그 분야의 선두주자 또는 적어도 우리 조직보다 앞서 가는 경쟁 조직을 선택해야 한다. 그러나 아마도 자료 사정상 어떤 분야 전체를 대상으로 할 수밖에 없는 경우가 허다할 것이다.

지금부터는 편의상 우리 조직을 대상으로 한다고 전제한다. 앞의 '과제 선정' 예를 좇아, 우리 회사의 자동차 판매 방식에 대한 시계열자료를 수집하는 것으로 한다.

시점 시계열자료를 수집하는 시점을 선정한다. 대상 시점은 자료 사정이나 해당 분야의 역사에 따라 달라질 것이며, 대상 기술/절차의 변화 빈도와 강도 등에 따라서도 달라질 것이다. 그러나 대상 시점의 수가 지나치게 적으면 시계열접근으로 얻을 수 있는 혁신 방안의 의미가 줄어든다는 사실을 명심해야 한다.

대상 시점은 대상 기술/절차의 중요한 변화가 있었던 시점으로 선정한다. 여러 가지 사정을 고려해야 하겠지만, 일정한 수준 이상의 영향을 미친 것으로 판단되는 대상 기술/절차의 변화 시점을 될 수 있으면 여럿 선정하는 것이 바람직하다.

구성 요소 대상 기술/절차의 구성 요소들을 나열하고 이 요소들에 대한 시계열자료를 작성한다. 앞서 본 바와 같이 어떤 기술/절차의 구성 요소란 그 기술/절차를 구성함으로써 그 기술/절차에 영향을 미치면서 그 기술/절차의 주체가 통제할 수 있는 요소들을 말한다. 크고 작은 모든 구성 요소를 나열해보고 중요성과 자료 사정에 따라 구성 요소들을 선정해야 한다. 예컨대 자동차 판매 방식의 구성 요소로는 자동차 가격, 판매 대리점의 수, 할부제도, 할인제도, 광고 빈도 등이 있을 것이다.

외부 요인 대상 기술/절차의 구성 요소는 아니지만 영향을 미치는 요소들로 대상 기술/절차의 주체가 조정할 수 있는 요소들이 외부 요인이다. 이들에 대한 시계열자료를 작성한다. 예컨대 자동차 판매 방식의 외부 요인으로는 판매망의 사정, 기업문화, 제품 품질 등이 있을 것이다.

외부 여건 대상 기술/절차의 구성 요소는 아니지만 영향을 미치는 요소들로 대상 기술/절차의 주체가 조정할 수 없는 요소들이 외부 여건이다. 이들에 대한 시계열자료를 작성한다. 예컨대 자동차 판매 방식의 외부 여건으로는 소비자들의 기호와 소득 수준, 경쟁사들의 제품 품질과 판매 방식 등이 있을 것이다.

성과 대상 기술/절차의 성과에 대한 시계열자료를 만든다. 대상 기술/절차의 각 변화 시점 이후 일정한 기간 이내에 새로운 기술/절차가 가져온 성과에 대해 상세한 시계열자료를 만든다. 예컨대 자동차 판매 방식의 변화 후 5년간 자동차 판매 실적이 어떻게 변화했는가에 대한 시계열자료를 만들 수 있다.

혁신 방안의 도출

전망 대상 기술/절차에 대해서 외부 여건과 외부 요인들이 앞으로 어떻게 변화할 것인가를 전망한다. 시계열접근은 점진적 혁신 방안을 모색하는 것이다. 따라서 일상적으로 도모할 수 있는 접근이므로 지나치게 장기간에 걸친 전망하에 접근하는 것은 적절하지 않다. 과제에 따라 달라지겠지만, 기업의 다른 단기 계획들에 맞추어서 전망 기간을 설정하는 것이 좋다.

외부 여건과 외부 요인들을 전망할 때는 앞서 만든 시계열자료를 활용하는 것이 매우 중요하다. 그 자료에 비추어볼 때 앞으로 외부 여건과 외부 요인들이 어떻게 될 것인가를 전망해볼 수 있기 때문이다. 이때 역사학에서 말하는 과거와 현재의 차이, 과거의 배경 그리고 과거에서 현재로의 과정을 찾아보는 것이 중요하다('시계열접근과 역사학' 참조).

예컨대 소비자들의 기호와 소득 수준, 경쟁사들의 제품 품질과 판매 방식 같은 외부 여건 그리고 판매망의 사정, 기업문화, 제품의 품질 등 외부 요인들의 대상 기간 중 변화와 현재의 상태에 비추어볼 때 앞으로 5년간 외부 여건과 외부 요인들이 어떻게 변화할지를 전망해볼 수 있을 것이다.

평가 외부 여건과 외부 요인들의 전망에 비추어볼 때 우리 조직의 현재 기술/절차가 적절한지를 평가한다. 앞에서 얻은 외부 여건과 외부 요인들의 전망하에 현재 기술/절차가 어떠한 성과를 거두 겠는가를 전망해보고 현재 기술/절차의 구성 요소들을 평가하는 것이다.

이러한 평가에서도 앞서 만든 시계열자료를 이용하는 것이 매우 중요하다. 대상 기술/절차의 구성 요소들, 외부 여건, 외부 요인들 및 성과에 대한 시계열자료에 비추어볼 때, 앞서의 전망하에서 우리 조직의 현재 기술/절차가 어떠한 성과를 거둘 수 있겠는가를 전망해 볼 수 있기 때문이다. 이때 역사학에서 말하는 과거와 현재의 차이, 과거의 배경 그리고 과거에서 현재로의 과정을 찾아보는 것이 중요하다.

예컨대 대상 기간 중 자동차 판매 방식의 구성 요소들, 외부 여건 및 외부 요인들 그리고 성과의 시계열자료에 비추어볼 때, 그리고 예상되는 외부 여건 및 외부 요인들에 비추어볼 때 우리 조직의 현재 자동차 판매 방식이 어떠한 성과를 거두겠는가를 판단할 수 있을 것이다.

방안 현재 기술/절차에 대한 혁신 방안을 도출한다. 대상 기술/절차의 외부 여건과 외부 요인들에 대한 전망과 현재 기술/절차에 대한 평가에 따라 현재 기술/절차가 바람직한 소기의 성과를 거두도록 구성 요소들, 외부 요인들 그리고 외부 여건 반영 방식을 조정한다. 이때는 기술/절차가 전망 기간 내에 달성할 성과의 목표를 구체적으로 설정하는 것이 좋다.

앞의 전망과 평가의 경우와 마찬가지로 조정 방안을 모색할 때도 앞서 만든 시계열자료들을 이용하는 것이 매우 중요하다. 3가지 경우가 있을 수 있다.

첫째, 현재 기술/절차에서는 중립적으로 작용하지만 시계열자료상의 대상 기술/절차에서는 긍정적으로 작용했던 구성 요소들, 외부 요인들 및 외부 여건들이 있을 수 있다. 이들이 현재 기술/절차에서도 긍정적으로 작용하도록 기술/절차에 대하여 구성 요소들, 외부 요인들 및 외부 여건 반영 방식을 조정한다.

둘째, 현재 기술/절차에서는 부정적으로 작용하지만 시계열자료상의 대상 기술/절차에서는 긍정적으로 작용했던 구성 요소들, 외부 요인들 및 외부 여건들이 있을 수 있다. 이들이 현재 기술/절차에서도 긍정적으로 작용하도록 현재 기술/절차에 대하여 구성 요소들, 외부 요인들 및 외부 여건 반영 방식을 조정한다.

셋째, 현재 기술/절차에서는 부정적으로 작용하지만 시계열자료상의 대상 기술/절차에서는 중립적으로 작용했던 구성 요소들, 외부 요인들 및 외부 여건들이 있을 수 있다. 이들이 현재 기술/절차에서도 중립적으로 작용하도록 현재 기술/절차에 대하여 구성 요소들, 외부 요인들 및 외부 여건 반영 방식을 조정한다.

이와 같이 현재 기술/절차의 중립적 작용에 시계열자료상의 긍정적 작용을 도입하든, 현재 기술/절차의 부정적 작용을 시계열자료상의 긍정적 작용으로 전환하든, 혹은 현재 기술/절차의 부정적 작용을 시계열자료상의 중립적 작용으로 차단하든, 시계열자료를 활용하여 혁신방안을 도출할 때에도 앞에서의 전망 및 평가의 경우와 마찬가지로 역사학에서 말하는 과거와 현재의 차이, 과거의 배경 그리고 과거에서 현재로의 과정을 찾아보는 것이 중요하다.

예상 및 수정 구성 요소들, 외부 요인들 및 외부 여건 반영 방식의 조정을 포함한 혁신 방안이 전망 기간 내에 어떠한 성과를 가져올 것인가를 예상해본다. 만약 예상의 결과가 만족스럽지 않다면 혁신 방안을 수정·보완한 다음 확정해야 한다.

시계열접근의 방법에 관한 지금까지의 이야기를 요약하면 다음과 같다.

첫째, 혁신하고자 하는 기술/절차를 선정한다.

둘째, 시계열자료를 수집할 대상 주체, 시점들을 선정하고, 대상 기술/절차의 구성 요소들, 외부 요인들, 외부 여건 및 성과에 대한 시계열자료를 작성한다.

셋째, 대상 기술/절차에 대하여 외부 여건 및 외부 요인들을 전망하고 현재 기술/절차를 평가한 후, 대상 기술/절차의 구성 요소들, 외부 요인들 및 외부 여건 반영 방식을 조정한다. 이때 현재 기술/절차상의 중립적 작용에 시계열상의 긍정적 작용을 도입하거나, 현재 기술/절차상의 부정적 작용을 시계열상의 긍정적 작용으로 전환하거나, 현재 기술/절차상의 부정적 작용을 시계열상의 중립적 작용으로 차단한다.

넷째, 조정된 대상 기술/절차의 성과를 예상하고, 필요하면 조정 방안을 수정 · 보완한다.

표 1 ▌ 시계열접근의 방법

과제 선정
시계열자료 작성
− 주체 선정 − 시점 선정 − 구성 요소 − 외부 요인 − 외부 여건 − 성과
혁신 방안 도출
− 외부 여건 및 외부 요인 전망: 시계열자료 참고 − 현행 기술/절차에 대한 평가: 시계열자료 참고 − 구성 요소, 외부 요인 및 외부 여건 반영 방식의 조정: 시계열자료 참고 　(긍정적 작용의 도입, 긍정적 작용으로의 전환, 부정적 작용의 차단)
성과 예상 및 수정: 시계열자료 참고

시계열접근과 역사학[2]

왜 역사학이 필요한가

이상에서 드러난 바와 같이, 점진적 혁신 방안을 만들기 위한 시계열 접근의 핵심은 기술/절차의 과거 외부 여건을 이해하고 그 연장선상에서 현재 및 미래 외부 여건에 맞는 기술/절차를 찾아내는 것이다. 이는 과거의 역사를 통해 현재를 이해하고 미래를 예측하는 것과 같은 이치다. 시계열접근, 거시적으로는 역사적 접근에서 참다운 교훈을 얻기 위해 우리는 모두 진지한 역사학도가 되어야 한다. 역사를 이해하고 역사에서 교훈을 얻는 지혜를 가져야 한다. 역사학도가 되어야 하는 것은 과거를 이해함으로써 현재를 파악하고 미래를 예측할 수 있으며, 과거를 검토함으로써 현재를 개선하고 미래에 대처할 수 있기 때문이다.

과거에 대한 이해를 바탕으로 현재와 미래를 볼 수 있는 것은 사람들의 행동이나 세상의 사물들이 대부분 과거에서 현재와 미래로 연속되기 때문이다. 사람들의 행동이나 세상의 사물들은 끊임없이 변화하지만, 그 변화는 대부분 과거의 연속선상에서 일어난다. 돌연변이도 없지 않지만, 그보다는 연속선상에서 일어나는 변화가 훨씬 많다. 그러므로 과거의 역사를 통해 현재를 파악하고 미래를 내다보면서 혁신 방안을 찾는 것은 당연한 일이다.

"역사의 연구 자체는 단순한 골동품 수집이 아니다. 사라진 시대를 숙고함으로써 인간의 인식이 제고되고, 역사적 재창조가 필자와 독자 모두에게 대리경험을 제공함으로써 언제나 이들의 상상을 불러일으킨다. (……) 역사 교육은 (……) 마음을 훈련하고 동정을 키우며 우리 시대의 가장 긴요한 문제들에 대해 우리가 대단히 필요로 하는 투시력을 길러주는 것이다."[3]

차이와 배경, 과정을 아는 방법

과거를 이해함으로써 현재를 파악하고 미래를 예측할 수 있으려면 과거에 대한 이해가 다음의 3가지 원칙에 따라 이루어져야 한다.

첫째, 과거와 현재의 차이를 인식해야 한다. "역사상의 어떠한 것도 정지되어 있지 않기 때문에 시간의 흐름은 우리의 생활방식을 깊게 바꾸어놓는다. 역사학자의 첫 번째 책임은 현재와 과거의 차이를 측정하는 것이며, 이와 반대로 가장 나쁜 죄악은 시대착오(과거의 사람들이 우리처럼 생각하고 행동했다는 지각없는 가정)다. 현재와 과거의 차이는 부분적으로는 건물, 도구 그리고 의복과 같은 과거의 유물에서 나타난다. 그러나 이보다는 덜 명백하지만 더 중요한 것은 정신에서의 차이다. 즉 과거 세대는 우리와는 다른 가치관, 우선순위, 공포 그리고 희망을 가졌던 것이다."[4]

따라서 현재를 파악하고 미래를 예측하기 위해 과거를 이해하고자 할 때, 먼저 이와 같은 과거와 현재의 차이를 정확하게 찾아내야 한다. 무의식중에 현재 우리의 관점에서 과거를 본다면 과거의 진면

목을 정확하게 알 수가 없다. 과거의 사실에 대한 이해를 시도하는 첫 단계에서는 그것이 현재와 어떻게 다른가를 먼저 찾아내야 한다.

둘째, 과거의 배경을 인식해야 한다.

"모든 역사연구의 기초 원칙은 우리의 탐구 주제가 그것의 배경으로부터 분리되어서는 안 된다는 것이다. 우리가 고고학적인 발견에 대해 먼저 그 터전site에서의 정확한 위치를 조심스럽게 기록하기 전에는 그 발견의 의미를 말하지 않는 것과 마찬가지로, 과거에 대해 우리가 아는 모든 것을 그것의 당시 배경하에 두어야 한다. 이는 가공할 만큼의 광범위한 지적 수준을 요구하는 엄격한 기준이다."[5]

즉 현재를 파악하고 미래를 예측하기 위해 이해하고자 하는 과거의 현상 또는 사물에 대해서 그것에 영향을 미친 모든 배경을 찾아내야 한다는 얘기다. 그러한 과거의 배경을 현재의 그 현상이나 사물에 영향을 미치는 배경과 비교하여 현재와 같은 배경과 다른 배경을 정리해보아야 한다. 그렇게 하면, 현재와 다른 어떤 배경이 작용해서 과거의 차이가 만들어졌는가를 알게 된다.

셋째, 현재를 포함한 과거로부터의 과정을 인식해야 한다.

"역사는 과거의 스냅들을 아무리 생생하고 풍부하게 정리해두었더라도 그러한 스냅들의 집합 이상이다. 역사적 인식의 세 번째 기초적인 측면은 역사적 과정(시간에 걸친 사건들을 고립시켜 볼 때보다 더 의미를 부여하는, 시간에 걸친 사건들 간의 관계)의 인식이다."[6]

즉, 관심을 갖는 현상이나 사물의 역사적 변화에 대해 그것이 시간에 따른 차이를 보일 뿐만 아니라 대부분의 경우 시간에 걸쳐서 하나의 과정을 이루어온 것을 찾아내야 한다는 얘기다. 이러한 배경을 검토함으로써 과거와 현재의 다른 배경뿐만 아니라 같은 배경을 찾아낼 수 있다. 이처럼 같은 배경이 작용해서 우리가 관심을 갖는 현상이나 사물의 변화가 현재를 포함한 과거로부터 하나의 과정을 이루어왔음을 찾아낼 수 있다. 이러한 과정을 발견함으로써 과거의 이해를 바탕으로 현재를 파악하고 미래를 예측할 수 있다. "만약 역사적 과정에 대한 결론이 주의 깊은 연구에 따른다면, 이는 신중한, 그러나 유용한 예측을 가져다줄 수 있다."[7]

어떤 현상이나 사물에 대해 그것의 과거와 현재의 차이를 찾아내고 거기에 영향을 미치는 배경의 과거와 현재를 찾아내며, 그 변화가 과거로부터 현재에 이르기까지 하나의 과정을 이루어왔음을 밝혀내면, 그 현상이나 사물의 현재를 정확히 이해하게 될 뿐 아니라 앞으로 어떠한 배경하에 어떤 과정을 통해 어떻게 전개되어갈 것인가를 예측할 수 있다.

이 책의 독자인 당신이 여기서 시계열접근의 지혜를 진정으로 터득하고자 한다면, 어떤 역사적 사건을 하나 선정하기를 바란다. 예컨대 컴퓨터산업의 발달이나 민주주의의 발달, 인상파 미술의 발달 등 분야는 상관없다. 당신이 관심을 둔 역사적 사실에 관한 책을 한 권 골라서 그것을 여러 차례 반복해서 정독하기를 권한다. 그러면서 그 역사적 사실에 대해 그것의 과거와 현재의 차이를 찾아내고, 그것에 영향을 미치는 배경의 과거와 현재를 찾아내며 그것이 과거로부터 현재까지 하나의 과정을 이루어온 것을 찾아내기 바란다. 그러면 당신은 시계열접근의 지혜를 터득하게 될 것이다.

TIPS

시계열로 보는 9가지 팁

1 과거를 이해함으로써 현재를 파악하고 미래를 예측할 수 있음을 명심하라.

2 점진적 혁신을 위해 먼저 시계열접근을 시도하라.

3 시계열접근의 대상 기술/절차를 명확히 하고 시계열자료의 주체, 시점을 선정하라.

4 대상 기술/절차의 구성 요소들, 외부 요인들, 외부 여건 및 성과에 대한 시계열자료를 작성하라.

5 시계열자료를 중요하게 참고해 외부 여건 및 외부 요인들을 전망하고 현재의 대상 기술/절차를 평가한 후 대상 기술/절차의 혁신 방안을 도출하고 수정·보완하라.

6 시계열자료를 참고할 때 과거와 현재의 차이를 찾아내라.

7 시계열자료를 참고할 때 과거의 배경을 이해하라.

8 시계열자료를 참고할 때 과거에서 현재와 미래로 이어지는 과정을 찾아내라.

9 시계열접근에 통달하기 위해 관심 있는 역사적 사실에 대해 과거와 현재의 차이, 배경, 과정을 진지하게 공부하라.

지혜 5
횡단면으로 보라

KNOWLEDGE FOR INNOVATION

"글로벌하게 생각하고
로컬하게 행동하라."

폴 매카트니●

● Sir James Paul McCartney(1942~). 영국의 음악인. 가수이자 각종 악기 연주자이며
대중가요 작곡가이고 동물권익보호 운동가이기도 하다. 존 레넌John Lennon, 조지
해리슨George Harrison, 링고 스타Ringo Starr 등과 함께 비틀즈Beatles의 한 멤버로 세계
적 명성을 얻었다. 1970년에 비틀즈가 해체된 후에도 솔로 가수, 그룹 멤버, 가요
작곡가 등으로 왕성한 활동을 벌여 로큰롤rock' n' roll문화와 대중음악의 발전에 역
사적인 기여를 했다. 이로써 기사작위를 비롯한 많은 명예를 얻었다. 지금도 왕성
한 활동을 늦추지 않고 있는 그에게 은퇴 계획을 물었을 때, "왜 은퇴를 합니까?
집에 앉아서 텔레비전이나 보려고요? 나는 그보다는 밖에 나가 연주를 할 것입니
다"라고 답했다.

횡단면접근이란?

점진적 혁신을 위한 또 다른 방법, 횡단면접근

점진적 창의력에 의해 점진적 혁신을 만들어내는 또 하나의 방법은 횡단면접근cross-sectional approach이다. 횡단면접근은 횡단면자료를 이용한 접근을 말한다. 횡단면자료란 어떤 한 시점 또는 어떤 한 기간에 대해 어떤 현상의 크기를 서로 다른 주체에 대해 측정한 자료를 가리킨다. 예컨대 2012년 12월 31일 현재 세계 각국의 인구나 2013년 10월 10일 현재 한국의 도별 면적, 2012년 중 세계 각국의 물가상승률, 2013년 6월 말 현재 어떤 학급 학생들의 신장 등 일상생활에서 수많은 횡단면자료를 볼 수 있다.

앞에서 본 시계열자료와 마찬가지로, 횡단면자료 역시 우리 생활의 여러 가지 현상을 묘사하고 설명하고 예측하고 통제하기 위해 만든다. 횡단면자료를 만드는 목적을 추가로 설명하면 다음과 같다.

첫째, 어떤 현상을 묘사하기 위해서 만든다. 어떤 현상의 값을 여러 주체에 대해 측정함으로써 그 현상에 대한 여러 주체 간의 차이를 묘사할 수 있다. 예컨대 2012년 중 세계 각국의 국민소득에 대한 횡단면자료를 만듦으로써, 각국 국민소득의 차이를 묘사할 수 있다.

시계열자료와 마찬가지로 어떤 현상들은 이처럼 단순히 횡단면자료를 만듦으로써 특징을 쉽게 묘사할 수 있지만, 어떤 현상들은 상당히 복잡한 기법을 동원해 횡단면자료를 분석해야만 여러 주체 간의 차이를 묘사할 수 있다. 통계학에서는 횡단면자료를 이용하여 우리 생활의 많은 현상에 대해 주체들 간 차이를 묘사하는 분석기법들이 개발되어 있다.

둘째, 어떤 현상을 설명하기 위해서 만든다. 2가지 또는 그 이상의 현상들에 대해 횡단면자료를 만들면, 한 현상의 주체 간 차이에 의해 다른 현상의 주체 간 차이가 설명된다. 예컨대, 2012년 중 세계 각국의 국민소득에 대한 횡단면자료를 같은 기간 세계 각국의 산업활동 수준에 대한 횡단면자료와 비교함으로써 각국의 국민소득이 각국의 산업활동 수준에 영향을 받는다는 사실이 설명된다.

이때도 횡단면자료의 단순한 직접 비교로 설명되기도 하지만, 많은 경우 복잡한 분석기법을 동원해야만 횡단면자료가 나타내는 현상들 간 상호 관계가 설명된다. 통계학에서는 횡단면자료를 이용해 우리 생활의 많은 현상에 대해 상호 관계를 설명하는 여러 가지 분석기법들 또한 개발되어 있다.

셋째, 어떤 현상을 예측하기 위해서 만든다. 예컨대, 여러 국가의 산업활동 수준과 국민소득의 횡단면자료들을 통해 둘 사이의 관계를 알 수 있다. 그리고 이들의 관계를 이용하면 다른 어떤 국가의 산업활동 수준을 통해 그 국가의 국민소득을 상당한 정도로 예측할 수 있다. 물론 이때도 횡단면자료의 단순한 직접 관찰로 그 횡단면자료가 나타내는 현상의 다른 주체의 값을 바로 예측할 수 있는 경우는 흔치 않다. 통계학에서는 횡단면자료를 이용해 우리 생활의 많은 현상에 대해 미래의 값을 예측할 수 있는 복잡한 분석기법들 역시 개발되어 있다.

넷째, 어떤 현상을 통제하기 위해서 만든다. 예컨대 어느 한 국가의 국민소득이 횡단면자료들에 의해 그 국가의 산업활동 수준으로부터 예측되는 수준보다 현저히 낮은 경우, 그 원인을 찾아서 국민소득을 높이는 방안을 모색할 수 있다. 이처럼 어떤 현상을 통제하기 위해 횡단면자료를 이용하는 것이다. 이러한 통제기법은 통계학보다는 공학, 수학 등에서 많이 개발되어 있다.

횡단면접근은 어디에 유용한가

횡단면자료를 이용해 우리 생활의 여러 가지 현상을 묘사, 설명, 예측, 통제하는 것을 통계학 등에서는 횡단면분석cross-sectional analysis이라고 한다. 횡단면분석을 위한 여러 가지 복잡다기한 기법이 통계학 등에서는 많이 개발되어 있다. 앞의 시계열접근에서와 마찬가지로, 여기서는 횡단면분석보다는 횡단면접근이라는 표현을 사용하고자 한다. 횡단면접근은 다시 말할 필요도 없이 우리 생활의 여러 가지

기술/절차를 횡단면적으로 다루는 것을 의미한다. 즉, 어떤 기술/절차에 대해 우리 것에만 관심을 갖는 것이 아니라 다른 주체들의 그것은 어떠한 상태에 있는가를 조사하고, 우리의 기술/절차와 다른 주체들의 기술/절차들 간 차이가 어떠한 여건이나 요인들로 초래되었는가를 찾아내며, 조정할 수 있는 사항들을 조정함으로써 우리의 기술/절차를 바람직한 상태로 만드는 것이 우리의 기술/절차에 대한 횡단면접근이다.

시계열접근의 경우와 마찬가지로, 많은 경우 우리는 횡단면접근으로 점진적 혁신 방안을 비교적 쉽게 만들어낼 수 있다. 예컨대, 자동차회사의 판매부서 직원은 현시점에서 국내외 경쟁사들의 자동차 판매 방식과 외부 여건 및 외부 요인들을 조사, 비교해봄으로써 자사 판매 방식의 점진적 혁신 방안을 찾아낼 수 있다.

또한 시계열접근과 마찬가지로, 횡단면접근 역시 이후 이야기하는 급진적 혁신 방안을 모색하기에 앞서 반드시 시도해보아야 할 접근 방법이다. 한편으로는 횡단면접근이 급진적 혁신 방안을 모색하는 데 비해 매우 쉽고 안전하기 때문이며, 다른 한편으로는 급진적 혁신 방안을 찾을 때 횡단면접근을 통해 얻은 자료와 결과가 유용하기 때문이다.

횡단면접근의 방법

과제 선정

횡단면접근으로 혁신하고자 하는 대상 기술/절차를 명백히 한다. 예컨대, 자동차회사의 판매부서에 근무하는 사람은 '우리 회사 자동차 판매 방식의 혁신'을 횡단면접근의 과제로 설정할 것이다.

횡단면자료 작성

주체 횡단면자료를 수집할 대상 기술/절차의 주체를 선정한다. 우리 조직을 비롯해 국내외 주요 경쟁사들이 포함되어야 한다. 깊이 있는 분석이 가능한 범위 내에서 다수의 주체를 선정하는 것이 바람직하다. 예컨대 자사 및 자사의 주요 경쟁사들, 즉 미국의 GM, 독일의 BMW, 이탈리아의 피아트, 일본의 토요타 등을 대상 주체로 선정할 수 있을 것이다.

시점 횡단면접근의 대상 시점을 선정한다. 대부분의 경우 현재가 대상 시점이 될 것이다. 대상 주체들 간에 반드시 동일 시점이 되지 않고 어느 정도의 범위 내에서 다른 시점이 되더라도 무방하다. 예컨대 자료 사정에 따라 2010~2012년 중 각 주체의 자동차 판매 방식을 대상으로 할 수 있을 것이다.

구성 요소 대상 기술/절차를 구성하는 요소들을 나열하고 이들 요소에 대한 횡단면자료를 작성한다. 크고 작은 모든 구성 요소를 나열해보고 중요성과 자료 사정에 따라 구성 요소들을 선정해야 한다. 예컨대 자동차 판매 방식의 구성 요소로는 자동차 가격, 판매 대리점의 수, 할부제도, 할인제도, 광고 빈도 등이 있을 것이다.

외부 요인 대상 기술/절차의 구성 요소는 아니지만 영향을 미치는 요소들로 대상 기술/절차의 주체가 조정할 수 있는 요소들이 외부 요인이다. 이들에 대한 횡단면자료를 작성한다. 예컨대 자동차 판매 방식의 외부 요인으로는 판매망의 사정, 기업문화, 제품 품질 등이 있을 것이다.

외부 여건 대상 기술/절차의 구성 요소는 아니지만 영향을 미치는 요소들로 대상 기술/절차의 주체가 조정할 수 없는 요소들이 외부 여건이다. 이들에 대한 횡단면자료를 작성한다. 예컨대 자동차 판매 방식의 외부 여건으로는 소비자들의 기호와 소득 수준, 경쟁사들의 제품 품질과 판매 방식 등이 있을 것이다.

성과 대상 기술/절차의 성과에 대한 횡단면자료를 만든다. 예컨대 대상 주체들의 자동차 판매 실적이 어떠한가에 대한 횡단면자료를 만들 수 있을 것이다.

혁신 방안의 도출

전망 우리 조직의 기술/절차에 대해서 외부 여건과 외부 요인들이 앞으로 어떻게 변화할 것인가를 전망한다. 횡단면접근은 점진적 혁신 방안을 모색하는 것이다. 따라서 일상적으로 도모할 수 있는 접근이므로 지나치게 장기간에 걸친 전망하에 접근하는 것은 적절하지 않다. 과제에 따라 달라지겠지만, 기업의 다른 단기 계획들에 맞추어서 전망 기간을 설정하는 것이 좋다.

외부 여건과 외부 요인들을 전망할 때는 그에 대한 횡단면자료를 활용하는 것이 매우 중요하다. 그 자료에 비추어볼 때 앞으로 우리 조직 기술/절차의 외부 여건과 외부 요인들이 어떻게 될 것인가를 전망해볼 수 있기 때문이다.

예컨대 소비자들의 기호와 소득 수준, 경쟁사들의 제품 품질과 판매 방식 같은 경쟁사들의 외부 여건 그리고 판매망의 사정, 기업문화, 제품의 품질 등 경쟁사들의 외부 요인들의 현재 상태에 비추어볼 때, 앞으로 5년간 우리 조직의 외부 여건과 외부 요인이 어떻게 변화할 것인가를 전망해볼 수 있을 것이다.

평가 우리 조직의 외부 여건과 외부 요인들의 전망에 비추어볼 때 현재 기술/절차가 어떠한 성과를 거둘 수 있겠는가를 전망해보고, 우리 조직의 현재 기술/절차의 구성 요소들이 적절한지를 평가한다.

이러한 평가에서도 역시 앞서 만든 횡단면자료를 이용하는 것이 매우 중요하다. 대상 기술/절차의 구성 요소들, 외부 여건, 외부 요인들 및 성과에 대한 횡단면자료에 비추어볼 때, 앞서의 전망하에서 우리 조직의 현재 기술/절차가 어떠한 성과를 거둘 수 있겠는가를 평가해볼 수 있기 때문이다.

예컨대 대상 기간 중 자동차 판매 방식의 구성 요소들, 외부 여건 및 외부 요인들 그리고 성과의 횡단면자료에 비추어볼 때, 예상되는 외부 여건 및 외부 요인하에서 우리 조직의 현재 자동차 판매 방식이 어떠한 성과를 거두겠는가를 판단할 수 있을 것이다.

방안 우리 조직의 기술/절차에 대한 혁신 방안을 도출한다. 대상 기술/절차의 외부 여건과 외부 요인들에 대한 전망과 현재 기술/절차에 대한 평가에 따라 우리 조직의 기술/절차가 바람직한 소기의 성과를 거두도록 구성 요소들, 외부 요인들 및 외부 여건 반영 방식을 조정한다. 이때는 기술/절차가 전망 기간 내에 달성할 성과의 목표를 구체적으로 설정하는 것이 좋다.

조정 방안을 모색할 때도 앞서 만든 횡단면자료들을 이용하는 것이 매우 중요하다. 3가지 경우가 있을 수 있다.

첫째, 긍정적 작용의 도입이다. 우리 조직의 현재 기술/절차에서는 중립적으로 작용하지만 횡단면자료상 경쟁사들의 대상 기술/절차에서는 긍정적으로 작용하는 구성 요소들, 외부 요인들 및 외부 여건들이 있을 수 있다. 이들이 우리 조직에서도 긍정적으로 작용하도록 우리 조직의 기술/절차에 대하여 구성 요소들, 외부 요인들 및 외부 여건 반영 방식을 조정한다. 이때 횡단면자료상 경쟁사들의 구성 요소들 및 외부 요인들의 활용 방식 그리고 외부 여건의 반영 방식을 참고해야 한다.

둘째, 긍정적 작용으로의 전환이다. 우리 조직의 현재 기술/절차에서는 부정적으로 작용하지만 횡단면자료상 경쟁사들의 대상 기술/절차에서는 긍정적으로 작용하고 있는 구성 요소들, 외부 요인들 및 외부 여건들이 있을 수 있다. 이들이 우리 조직에서도 긍정적으로 작용하도록 우리 조직의 기술/절차에 대하여 구성 요소들, 외부 요인들 및 외부 여건 반영 방식을 조정한다. 이때도 역시 횡단면자료를 참고해야 한다.

셋째, 부정적 작용의 차단이다. 우리 조직의 현재 대상 기술/절차에서는 부정적으로 작용하지만 횡단면자료상 경쟁사들의 대상 기술/절차에서는 중립적으로 작용하는 구성 요소들, 외부 요인들 및 외부 여건들이 있을 수 있다. 이들이 우리 조직에서도 중립적으로 작용하도록 우리 조직의 기술/절차에 대하여 구성 요소들, 외부 요인들 및 외부 여건 반영 방식을 조정한다. 이때도 역시 횡단면자료를 참고해야 한다.

예상 및 수정 구성 요소들, 외부 요인들 및 외부 여건 반영 방식의 조정을 포함한 앞의 혁신 방안이 전망 기간 내에 어떠한 성과를 가져올 것인가를 예상해본다. 만약 예상의 결과가 만족스럽지 않다면 혁신 방안을 수정·보완한 다음 확정해야 한다.

횡단면접근의 방법에 관한 지금까지의 이야기를 요약하면 다음과 같다.

첫째, 혁신하고자 하는 우리 조직의 기술/절차를 선정한다.

둘째, 우리 조직과 국내외 주요 경쟁사들 중에서 횡단면자료를 수집할 대상 주체를 선정하고 대상 시점을 선정하여 대상 기술/절차의 구성 요소들, 외부 요인들, 외부 여건 및 성과에 대한 횡단면자료를 작성한다.

셋째, 우리 조직의 기술/절차에 대하여 외부 여건 및 외부 요인들을 전망하고 우리 조직의 현재 기술/절차를 평가한다. 그리고 작성된 각종 횡단면자료를 중요하게 참고하여 우리 조직의 기술/절차에 대하여 구성 요소들, 외부 요인들 및 외부 여건 반영 방식을 조정한다. 이때 우리 조직의 기술/절차상 중립적 작용에 횡단면자료상의 긍정적 작용을 도입하고, 우리의 부정적 작용을 횡단면자료상의 긍정적 작용으로 전환하며, 우리의 부정적 작용을 횡단면자료상의 중립적 작용에 의해 차단한다.

그리고 마지막으로 조정된 대상 기술/절차의 성과를 예상하고, 필요하면 조정 방안을 수정한다(〈표 2〉 참조).

표 2 | 횡단면접근의 방법

과제 선정

횡단면자료 작성

- 주체 선정
- 시점 선정
- 구성 요소
- 외부 요인
- 외부 여건
- 성과

혁신 방안 도출

- 외부 여건 및 외부 요인의 전망: 횡단면자료 참고
- 현행 기술/절차에 대한 평가: 횡단면자료 참고
- 구성 요소, 외부 요인 및 외부 여건 반영 방식의 조정: 횡단면자료 참고
  (긍정적 작용의 도입, 긍정적 작용으로의 전환, 부정적 작용의 차단)

성과 예상 및 수정: 횡단면자료 참고

횡단면접근과 철학 및 국제학[1]

기본은 철학이다

앞에서 우리는 기술/절차의 점진적 혁신을 위한 시계열접근을 효과적으로 하기 위해 역사학적 안목이 필요함을 보았다. 효과적인 횡단면접근을 위해서는 철학적 안목이 필요하다. 철학은 "우리의 삶과 우주의 가장 중요하고 기초적인 질문들에 대해 명확하고 합리적으

로 사고하고자 하는 시도"[2]다.

첫째, 철학은 삶과 우주의 문제를 다룬다. 무엇이 옳고 무엇이 그른가, 우리가 알 수 있는 것은 무엇인가, 예술은 무엇인가, 우주는 어떻게 생겼는가, 신은 존재하는가 등과 같이 인간과 인간을 둘러싼 우주에 대한 문제들이다. 둘째, 철학은 인간과 우주에 관한 문제 중 가장 중요하고 기초적인 문제를 다룬다. 인류가 여러 시대와 여러 문화에 걸쳐 계속해서 관심을 가져온 문제들이다. 셋째, 철학은 이들 문제에 대해 명확하고 합리적으로 사고하기를 시도한다. 전제로부터 올바른 추론을 통해 결론을 분명하게 도출하고자 한다.

이러한 철학적 안목은 첫째, 명확하게 추론하는 습관을 길러준다. 전제로부터 논리적인 오류 없이 결론에 이르고자 하는 노력을 체질화함으로써 올바른 판단을 하게 하고 남을 설득할 수 있게 해준다. 둘째, 철학적 안목은 자신과 타인의 전제를 이해하게 해준다. 자신과 타인이 판단할 때 그 전제가 무엇인가를 명시적으로 검토하는 노력을 체질화함으로써 전제와 모순되는 자신과 타인의 판단을 근절하거나 전제를 수정하게 해주는 것이다. 셋째, 철학적 안목은 올바르지 못한 설득에 대해 저항하고 방어하는 능력을 길러준다. 주위에서 매일같이 생겨나는 새로운 아이디어들에 쉽게 현혹되지 않고 지성을 통해 선택할 수 있게 해주는 것이다.

횡단면접근은 궁극적으로 여러 주체의 기술/절차의 구성 요소, 외부 요인 및 외부 여건을 비교, 검토하여 우리 기술/절차의 혁신 방안을 찾고자 하는 것이다. 따라서 우리가 다른 주체들의 현란한 기술/절차에 현혹되지 않고 올바른 전제하에 올바른 추론을 통해 합리적인 판단을 할 수 있으려면 기본적으로 이와 같은 철학적 안목을 가져야 한다.

철학의 범위는 참으로 넓다. 대표적인 분야만 보더라도 인식론, 형이상학, 윤리학, 논리론, 미학, 종교철학, 역사철학, 과학철학, 철학적 인류학, 정신철학, 정치철학, 철학사 등이 있다. 이와 같이 참으로 광범위한 여러 분야 중에서 횡단면접근에 가장 직접적인 도움을 주는 분야는 논리론이라고 할 수 있다.

논리론은 주장을 연역적 주장과 귀납적 주장으로 구분한다. 연역적 주장은 전제에 있는 정보에서 결론이 필연적으로 또는 확실히 따라 나오는 주장을 말하고, 귀납적 주장은 전제에 주어진 정보에서 결론이 높은 확률로 따라 나오는 주장을 말한다.

논리론은 우리에게 많은 도움을 준다. 첫째, 어떤 연역적 주장이 건전한 주장이 되려면, 타당한 주장 형식과 진실한 전제에 따라야 한다는 것을 알려준다. 여기서 주장 형식은 구체적인 주장들이 따르는 유형을 말하는데, 타당한 주장 형식은 전제들로부터 결론이 반드시 또는 확실히 따라 나오는 것을 일컫는다.

예컨대 다음 예에서 주장 형식 1은 타당하지만, 주장 형식 2는 부당하다. 왜냐하면 주장 형식 2에서는 전제들로부터 결론이 반드시 따라 나오지 않기 때문이다. A의 일부가 B이고, B의 일부가 C이지만, A의 일부가 C가 아닐 수 있다.

- 주장 형식 1: 모든 A는 B이다; 모든 B는 C이다; 그러므로 모든 A는 C이다.
- 주장 형식 2: 일부 A는 B이다; 일부 B는 C이다; 그러므로 일부 A는 C이다.

다음 예에서 타당한 주장 형식을 갖춘 진실한 전제 1, 2에 따른 주장 1은 건전한 주장이다. 그러나 부당한 주장 형식을 갖춘 진실한 전제 1, 2에 따른 주장 2는 불건전한 주장이다.

- 주장 1

  전제 1: 모든 인간은 영장류다. (진실)

  전제 2: 모든 영장류는 포유동물이다. (진실)

  결론: 모든 인간은 포유동물이다. (진실)

- 주장 2

  전제 1: 일부 네브래스카 주민은 체코 전통의 사람들이다. (진실)

  전제 2: 일부 체코 전통의 사람들은 아이오와 주민이다. (진실)

  결론: 일부 네브래스카 주민은 아이오와 주민이다. (허위)

둘째, 어떤 귀납적 주장이 더욱 설득력 있는 주장이 되려면 더 강력한 주장 형식과 진실한 전제(들)에 따라야 함을 알려준다. 여기서 강력한 주장 형식은 전제들에 있는 정보로부터 결론이 높은 확률로 따라 나오는 주장 형식을 말한다. 무작위 표본이나 통계에 따른 주장 형식 등이 여기에 해당한다.

예컨대 다음 예에서 주장 2는 주장 1보다 더 설득력이 있다. 주장 2는 무작위 표본에 근거함으로써 더 강력한 주장 형식을 갖춘 진실한 전제 1, 2에 근거하지만 주장 1은 그렇지 않기 때문이다.

● 주장 1

전제 1: 1,000개의 구슬이 들어 있는 상자에서 윗부분부터 500개의 구슬을 하나씩 집어냈다.

전제 2: 집어낸 구슬 모두가 푸른색이었다.

결론: 그러므로 상자 안의 구슬들은 아마도 모두 푸른색일 것이다.

● 주장 2

전제 1: 1,000개의 구슬이 들어 있는 상자를 충분히 흔든 뒤 250개의 구슬을 하나씩 집어냈다.

전제 2: 집어낸 구슬 모두가 푸른색이었다.

결론: 그러므로 상자 안의 구슬들은 아마도 모두 푸른색일 것이다.

셋째, 귀납적 추론을 할 때는 흔히 유추법을 사용한다. 유추법은 2가지 상황의 비교에 근거해서 결론을 도출하는 것을 말한다. 2가지 상황에 대하여 일정한 특성들은 알려져 있고, 하나의 특성이 1가지 상황에 대해서만 알려져 있고 다른 상황에 대해서는 알려지지 않았다고 하자. 그 하나의 특성 외에 다른 모든 점에서 두 상황이 똑같으므로, 알려지지 않은 나머지 하나의 특성도 같을 것으로 유추한다.

우리는 일상생활에서 의식적으로든 무의식적으로든 유추를 자주 사용한다. 유추는 다음과 같은 경우에 더 강력해진다. 첫째 비교하는 두 상황 간에 유사점이 많을수록, 둘째 그러한 유사점이 유추와 관련성이 많을수록, 셋째 유추와 관련성이 있는 상이점이 적고 상이함의 정도가 작을수록, 넷째 유추로부터의 결론이 덜 구체적일수록 강력해진다.

예컨대 어떤 대학생이 연료가 많이 절약되는 자동차를 사려 한다고 하자. 친구들을 보니 다섯 친구의 차가 모두 청색이고, 흰색의 사이드월 타이어, 비닐 좌석, 경적, 스티어링 휠, 헤드라이트, 테일라이트, 트렁크를 가지고 있었다. 이에 중고차상에 가서 그러한 특성을 가진 1973년형 크라이슬러 임페리얼을 샀고, 친구들의 차가 갤런당 30~35마일을 달리기 때문에 자기 차도 그 정도로 달릴 것이라고 유추했다. 그러나 그의 유추는 강력하지 못한, 잘못된 것이었다. 친구들의 자동차와 유사점이 많은 자동차를 샀으나, 그러한 유사점은 연료 절약과는 관련성이 없는 것들이기 때문이다. 연료 절약과 관련성이 큰 차체의 크기나 성능을 따져봐야 했을 것이다. 그리고 만약 그가 자신이 산 자동차가 갤런당 20~45마일을 달릴 것이라고 덜 구체적으로 유추했더라면 강력한 유추가 될 수도 있었을 것이다.

이상에서 본 바와 같이 여러 가지 추론을 할 때는 타당한 연역적 추론 형식과 진실한 전제(들)로부터 건전한 연역적 주장을 펼치고, 더 강력한 귀납적 추론과 진실한 전제(들)로부터 더욱 설득력 있는 귀납적 주장을 펼쳐야 하며, 과제와 관련성이 있는 더 많은 유사점을 기초로 더 강력한 유추를 통해 귀납적 주장을 펼쳐야 한다. 이러한 명확하고 합리적인 추론과 유추 능력이야말로 효과적인 횡단면접근을 위해 매우 필수적으로 요구되는 자질이다. 철학, 더 구체적으로는 논리론의 학습에 매진할 때 이러한 자질을 체질화할 수 있다.

국제학의 종합적인 시각도 필요하다

효과적인 횡단면접근을 위해서는 국제학적인 안목 또한 필요하다. 국제학은 "국경을 초월한 교호작용을 포함해 인간관계의 광범위한 배열을 조사하는 탐구 분야"[3]다. 즉, 국제학은 국경을 초월해 일어나는 인류의 여러 가지 행태 또는 문제들에 대해 종합적인 시각에서 국가 간에 비교 분석함으로써 그 본질과 개선 방안을 찾고자 하는 분야다.

횡단면접근은 혁신하고자 하는 어떤 기술/절차에 대하여 그 내용, 배경, 결과 등을 여러 주체 간에 비교 분석한다. 비교 분석의 대상에는 대개 국내 주체들뿐만 아니라 외국의 주체들이 포함된다. 오늘날과 같은 글로벌화 시대에는 어쩌면 외국의 주체들이 더 많이 포함될 것이다. 이같이 국내외 주체들에 대해 횡단면접근을 할 때 국제학의 안목이 매우 유용함은 재론의 여지가 없을 것이다.

국제학은 인류사회의 글로벌화에 따라 매우 최근에 논의되기 시작한 분야로 그 학문적 체계는 지금도 형성되고 있는데, 2가지 측면에서 매우 중요하고 유용한 방법론이다.

첫째, 국제학은 범권역적으로 접근한다. 국제학은 인류사회가 지리적, 정치적, 경제적, 사회적 그리고 문화적으로 나누어져 있다는 사실을 고려한다. 따라서 어떤 현상에 대해 그 현상의 주체가 지리적, 정치적, 경제적, 사회적 그리고 문화적으로 어떠한 권역에 속하는가를 먼저 검토하여 접근한다.

둘째, 국제학은 다학문적 접근을 시도한다. 인류사회의 지리적 경계는 지리학, 정치적 경계는 정치학, 경제적 경계는 경제학, 사회적 경계는 사회학 그리고 문화적 경계는 인류학을 만들었다. 그렇지만 국제학은 이들 경계 간 인류의 상호작용을 다루고자 하므로 지리학, 정치학, 경제학, 사회학 그리고 인류학의 시각과 방법을 통합한 접근을 시도한다.

어떤 기술/절차에 대해 횡단면접근을 할 때 그 주체가 어떠한 지리 · 정치 · 경제 · 사회 · 문화적 권역에 속하는가를 고려하고, 그 주체의 기술/절차에 대해 지리학 · 정치학 · 경제학 · 사회학 · 인류학적 관점이 종합된 국제학적 관점으로 접근한다면 매우 유용한 결과를 낳을 것이다. 이를 위해서 나는 독자들이 최소한 한 권의 국제학 서적을 선정하여 깊이 있게 정독하기를 강력히 권유한다.

횡단면으로 보는 9가지 팁

1 남을 파악함으로써 자신을 이해하고 자신을 개선할 수 있음을 명심하라.

2 급진적 혁신을 도모하기 전에 점진적 혁신을 위한 횡단면접근을 반드시 시도하라.

3 횡단면접근의 과제, 주체, 시점을 명확히 설정하라.

4 대상 기간 중 대상 주체들의 기술/절차에 대하여 구성 요소들, 외부 요인들, 외부 여건, 성과에 대한 횡단면자료를 깊이 있게 만들어라.

5 우리 조직의 기술/절차에 대하여 앞으로 일정 기간의 외부 여건과 외부 요인들을 전망하여 우리 조직 기술/절차의 적절성을 평가해보라.

6 경쟁 조직들의 대상 기술/절차에 긍정적으로 작용하지만 우리 조직의 기술/절차에는 중립적으로 작용하는 외부 여건, 외부 요인들 및 구성 요소들의 긍정적 작용을 도입하라.

7 경쟁 조직들의 대상 기술/절차에 긍정적으로 작용하지만 우리 조직의 기술/절차에는 부정적으로 작용하는 외부 여건, 외부 요인들 및 구성 요소들의 부정적 작용을 긍정적 작용으로 전환하라.

8 경쟁 조직들의 대상 기술/절차에 중립적으로 작용하지만 우리 조직의 기술/절차에는 부정적으로 작용하는 외부 여건, 외부 요인들 및 구성 요소들의 부정적 작용을 차단하라.

9 횡단면접근에 통달하기 위해 철학(특히 논리학)과 국제학을 진지하게 공부하라.

역발상을 도모하라

KNOWLEDGE FOR INNOVATION

"새로운 발상구도를
포용하는 과학자는
해석자라기보다는
거꾸로 보는 렌즈를 낀
사람과 같다."

토머스 쿤●

● Thomas Samuel Kuhn(1922~1996). 미국의 물리학자이자 역사학자 및 과학철학
자. 하버드대학교, 버클리 캘리포니아대학교, 프린스턴대학교 그리고 MIT의 교
수를 역임했다. 학문적으로 그리고 일반적으로 깊게 영향을 미친 1962년의 논쟁
적 저서 《과학혁명의 구조The Structure of Scientific Revolution》에서 나중에 상용 영어가
된 '역발상'이라는 용어를 만들어냈다. 그는 어느 더운 여름날 아리스토텔레스
Aristoteles를 읽고 있다가 갑자기 영감을 얻었다. "내 방의 창을 멍하니 바라보았다.
갑자기 내 머릿속의 조각들이 새롭게 정렬되어 내 자리에 떨어져 나왔다. 내 턱이
내려앉았다." 운동motion에 관한 아리스토텔레스와 뉴턴Newton의 기본 개념 차이
에서 역발상의 개념을 찾아낸 것이다.

역발상이란?[1]

생각의 틀

지금까지 우리는 시계열접근과 횡단면접근에 의해 점진적 혁신의 방안을 찾을 수 있음을 보았다. 여기서는 시계열접근과 횡단면접근으로 혁신 방안을 찾을 수 없을 때 또는 시계열접근과 횡단면접근에 의한 점진적 혁신에 그치지 않고 더욱 급진적인 혁신 방안을 찾고자 할 때에는 역발상을 도모해야 함을 보이고자 한다.

역발상이란 발상구도의 역전을 말한다. 발상구도는 '어떤 사물· 활동· 현상에 대한 관념· 사고· 시각의 윤곽· 체계· 기초'를 말한다. 간단히 말하면, 발상구도는 '어떤 일에 대한 생각의 틀'을 말한다. 예컨대, '사과가 나무에서 떨어지는 일'에 대해 '사과가 땅으로 떨어진다'고 생각하면 '사과를 주체로 보고 땅을 객체로 보는 발상구도'인 것이다.

발상구도는 참으로 여러 가지 요소를 내포한다. 발상구도에는 앞의 예에서처럼 어떤 일의 주체와 객체에 대한 생각뿐만 아니라 어떤 일의 경계 또는 영역에 대한 생각(어디까지가 내부이고 어디서부터는 외부라는 생각)이 내포되어 있고, 어떤 일에 대한 선호의 생각(어떤 현상은 바람직하지만 다른 어떤 현상은 바람직하지 않다는 생각)이 내포되어 있다. 그 밖에도 어떤 현상의 본질 또는 핵심이 무엇인가에 대한 생각, 어떤 현상을 둘러싼 위험과 기회에 대한 생각, 어떤 현상이 전개되는 순서 또는 타이밍에 대한 생각 등 참으로 많은 요소가 내포되어 있다.

발상구도는 어떤 일에 대한 우리의 생각을 지배하므로 우리의 행동까지도 결정한다. 마치 컴퓨터의 소프트웨어 프로그램이 컴퓨터를 돌아가게 하는 것처럼, 발상구도는 우리 인생을 돌아가게 하는 프로그램이라고 볼 수 있다. 바꾸어 말하면, 발상구도는 "(……) 우리가 인생을 어떻게 사느냐, 인생에서의 일들을 어떻게 평가하느냐, 인생에서의 문제들을 어떻게 해결하느냐에 대해 깊은 영향을 미친다. 발상구도는 우리가 누구이고 어디로 가고 있느냐의 핵심에 존재한다."[2]

발상구도는 적어도 2가지 특징을 가진다. 첫째, 무의식중에 작동한다는 점이다. 발상구도는 의식적으로 그것을 끄집어내서 의존하려고 하지 않아도 자신도 모르는 사이에 발동해 우리의 생각과 행동에 영향을 미친다. 둘째, 쉽게 변화하지 않는다는 점이다. 발상구도는 사람이 어느 정도 나이가 들면, 특별한 노력을 기울여 바꾸려고 하지 않는 한 어지간해서는 변화하지 않는다. 그래서 고정관념이라는 말까지 생겨난 것이다.

발상구도가 이처럼 나이가 들수록 바뀌지 않고, 자신도 모르는 사이에 생각과 행동을 지배하는 것은 어릴 때부터 여러 가지 주위환경 등에 의해 형성되어왔기 때문이다. 발상구도는 사람이 성장하는 과정에서 자연히 형성된 습관과 신념의 산물이다.

발상 뒤집기

그렇다면, 발상구도는 영원히 바뀌지 않을까? 그렇지 않다. 실은 발상구도 역시 우리 자신이 모르는 사이에 새로운 환경에 따라 끊임없이 변화한다. 그러나 보통 매우 점진적이고 느리게 변화하기 때문에 발상구도의 그러한 자연적인 변화로는 우리에게 필요한 혁신 방안이 얻어지지 않는 것이다. 그러므로 혁신 방안, 특히 급진적인 혁신 방안을 찾기 위해서는 의식적으로 기존의 발상구도를 바꾸거나 뒤집는 노력을 해야 한다.

앞서 언급한 것처럼, 발상구도를 바꾸는 것 또는 그것을 뒤집는 것을 역발상이라고 부른다. 앞의 예에서 '사과가 나무에서 떨어지는 일'에 대해 '사과가 땅으로 떨어진다'고 생각하지 않고 '땅이 사과를 끌어당긴다'고 생각한다면, '사과를 주체로 보고 땅을 객체로 보는 발상구도'에서 '땅을 주체로 보고 사과를 객체로 보는 발상구도'로 바뀐 것이다. 이와 같은 '주객전도의 역발상'이 현대과학의 기초를 이루는 '만유인력의 법칙 the law of universal gravitation'의 실마리가 된 것이다.

이같이 우리는 일상생활에서 겪는 모든 일에 대해 역발상을 도모할 필요가 있다. 특히, 어떤 기술/절차에 대한 혁신 방안을 찾고자할 때 시계열접근이나 횡단면접근으로 만족스러운 방안이 찾아지지 않는다면 역발상을 시도해야 한다.

시계열접근이나 횡단면접근은 우리가 가지고 있는 기존의 발상구도하에서 혁신 방안을 찾는 방식이다. 그렇지만 역발상은 기존의 발상구도를 거부하고 이를 뒤집어 새로운 발상구도로 문제에 접근한다. 그래서 역발상이 대부분 급진적인 혁신 방안을 가져다주는 것이다. 바꾸어 말하면, "인생에서 상대적으로 사소한 변화를 일으키고자 한다면, 아마도 우리의 태도와 행위에 적절히 초점을 맞추면 될 것이다. 그러나 중요한 대형 변화를 만들고자 한다면, 우리의 기본적인 발상구도를 작업할 필요가 있다."[3]

역발상은 '무의식중에 자동으로 작동하는 발상구도'를 뒤집는 것이기 때문에 역발상을 위해서는 의식적인 노력이 있어야 한다. 역발상은 저절로 되는 것이 아니다. 그러나 의식적으로 조금만 노력하면 누구든 할 수 있다. 쉽게 말해서 마음먹기에 달린 것이다.

역발상을 위해서는 먼저 모든 일에서 역발상을 시도해보는 습관을 들일 필요가 있다. 모든 일에 대해 "변화가 불가능하지만 만약 가능해진다면 그것이 일을 근본적으로 바꿀 것인가?"[4]라는 질문을 항상 던져보아야 한다. 이러한 질문에 대한 자신의 대답이 긍정적이라면, 다음에서 설명하는 몇 가지 요령을 적용해 더욱 적극적으로 역발상을 도모해보아야 한다.

역발상의 모델[5]

주객전도

모든 일의 주체와 객체를 서로 바꾸어서 생각해본다. 모든 일에는 우리가 일상적으로 그 일의 주체라고 생각하는 대상과 객체라고 생각하는 대상이 있다. 이들을 서로 바꾸어 생각해보는 주객전도의 역발상이 때로는 훌륭한 혁신 방안을 가져다준다.

뉴턴의 '만유인력의 법칙'은 주객전도의 역발상을 적용한 대표적인 사례다. 사과가 나무에서 떨어지는 현상을 보고 사람들은 모두 사과를 주체로 생각하고 땅을 객체로 생각해 '사과가 땅으로 떨어진다'고 생각했다. 그런데 그 일에 대해 주체와 객체를 뒤집어본다면 '땅이 사과를 끌어당긴다'고 생각할 수 있다. 일단 발상구도를 뒤집어서 주체와 객체를 바꾸어본 뒤 '혹시 땅이 사과를 끌어당기는 것은 아닐까? 그렇지 않다면 사과가 어떻게 땅으로 떨어질 수 있겠는가?'라는 식으로 생각해나간다면 '땅이 사과를 (더 센 힘으로) 끌어당기는' 만유인력의 법칙을 발견할 수 있을 것이다.

물론 만유인력의 법칙은 우주의 모든 물체가 서로 끌어당기며, 각

물체의 끌어당기는 힘은 그 물체의 무게에 비례하고 물체 간의 거리에 반비례한다는 것이다. 뉴턴이 사과나무 아래에서 낮잠을 자고 있을 때 사과가 자신의 머리에 떨어지는 것을 보고 지구의 끌어당기는 힘이 사과나무 꼭대기에까지 미친다면 그 힘이 달에까지 미칠 수 있다고 하여 달이 일정한 궤도를 유지하면서 지구를 도는 사실을 설명하게 되었다.[6]

오늘날 대부분 고층건물의 엘리베이터는 안에서 바깥을 내다볼 수 있도록 유리로 된 창이 있거나 승객이 자신을 볼 수 있도록 거울이 부착되어 있다. 이것도 주객전도의 역발상이 작용한 결과다. 어떤 고층건물의 엘리베이터가 너무 느려서 엘리베이터를 기다리는 이용자들의 불평이 극에 달했다. 그때 어떤 심리 전문가가 로비에 거울을 달아서 사람들이 엘리베이터를 기다리는 동안 머리도 만지고 넥타이도 고쳐 매면서 이런저런 생각을 하게 하자는 아이디어를 냈다. 이것이 엘리베이터 안에 거울을 다는 데까지 나아간 것이다. '엘리베이터(주체)가 사람들(객체)을 느리게 나른다' 라는 발상구도에서 '사람들(주체)이 엘리베이터(객체)를 느리게 느낀다' 라는 발상구도로 바꾼 것이다. 매우 단순한 주객전도의 역발상이지만, 거기에서 기가 막힌 혁신 방안이 탄생했다.

선호파괴

모든 일에 대해 평소의 선호를 깨뜨려본다. 어떤 일에 대해 경중(중요하게 생각하는 것과 중요하지 않게 생각하는 것), 취사(취하는 것과 버리는 것), 성패(성공이라고 생각하는 것과 실패라고 생각하는 것)가 과연 옳은지, 그 반대로 생각할 수는 없는지를 항상 검토한다.

일본의 세계적인 게임기업체 닌텐도가 한동안 부진의 늪에 빠졌다. 2002년에 회사는 고객에 대해서 역발상을 발휘했다. 당시까지는 게임기산업의 고객으로 중요하게 생각하지 않았던 20~95세의 연령층도 중요한 고객이 될 수 있고, 이들에게는 고성능의 최신 기술보다 이전 세대의 부품이 더 적합하다고 판단한 것이다. 그 결과 닌텐도는 시장을 넓히고 수익을 확충했다. 경중전도의 역발상에 성공한 것이다.

1994년 9월, 에스토니아에서 스웨덴의 스톡홀름으로 향하던 여객선이 전복된 끔찍한 사고가 있었다. 이 사고로 989명의 승객과 승무원 중 95명이 사망하고 757명이 실종됐다. 폭풍우가 치면서 파도가 높게 일어 배가 요동치자 갑판에 실려 있던 많은 자동차가 한쪽으로 쏠리면서 무게 중심을 잃고 전복된 것이다. 이후 선박회사는 이와 같은 사고의 재발을 막기 위해 온갖 노력을 기울였다. 그리하여 갑판에 구멍을 뚫는 방법을 찾아냈다. 배로 들이치는 해수가 그 구멍을 통해 선박 밑바닥으로 흘러들게 하여 배의 밑바닥을 무겁게 한다는 아이디어였다. 이로써 무게 중심을 잡을 수 있게 되어 비용을 거의 들이지 않고 문제를 해결할 수 있었다. 평소에 피해만 준다고 생각했던 해수를 버리지 않고 취해 역이용하는 취사전도의 역발상에 성공한 것이다.

오늘날 업무에서나 일상생활에서 많이 사용하는 포스트잇은 사실은 실패한 작품이었다. 1970년 미국의 접착제회사인 3M에서 연구원 스펜서 실버Spencer Silver가 강력 접착제를 개발하던 중 실수로 접착력이 약한 제품을 만들었다. 접착제라면 당연히 접착력이 생명이므로 그 제품은 폐기처분되었다. 그런데 몇 년 후 동료 연구원 아서 프라이 Arthur Fry가 교회에서 그날 부를 찬송가의 페이지에 종이를 끼우다가 그 실패한 접착제를 떠올렸다. 그는 붙였다 떼어낼 수 있는 메모지라는 개념으로 그것을 고객사의 비서실에 보내 한번 사용해보라고 했다. 대번에 주문이 폭발했고, 결국 이 실패작은 '포스트잇'이라는 이름으로 되살아나 3M의 효자상품이 되었다. 정말 실패인가를 다시 생각해보는 성패전도의 역발상이 오늘의 포스트잇을 만든 것이다.

표준파괴

혁신하고자 하는 모든 기술/절차에 대해 그것의 구조, 형태, 성능 등의 표준에 대한 평소의 발상구도를 깨뜨려본다.

1975년에 스티브 잡스Steve Jobs와 스티브 워즈니악Steve Wozniak이 개인용 컴퓨터를 만들어내기 전까지 IBM은 컴퓨터회사로서 컴퓨터와 관련된 모든 업무를 내부에서 해결했다. 컴퓨터의 핵심인 마이크로프로세서를 스스로 만들고, 사내 소프트웨어 인력으로 소프트웨어를 만들고, 최고의 세일즈맨들을 고용해 컴퓨터를 팔며, IBM 인력이 아니면 제품을 열어볼 수 없게 했다. 그러나 두 스티브는 전혀 다른 방식으로 애플PC를 세상에 내놓았다. 마이크로프로세서를 외부에서 사들이고, 소프트웨어도 마이크로소프트 같은 소프트웨어 전문회사에서 사들였으며, 판매 역시 전국의 사무기기 소매상들을 통해서 했다. 나아가 사용자 자신이 컴퓨터를 열어볼 수도 있게 해놓았다. 결국 IBM도 1982년에는 자신들의 사업구조를 애플처럼 바꿀 수밖에 없었다. 두 스티브가 구조재검의 역발상으로 컴퓨터업계를 뒤집어놓은 것이다.

한때는 철강을 제조하는 일이 대규모 종합제철공장에서만 이윤을 남길 수 있다는 발상구도가 지배적이었다. 이런 발상구도에 도전한 이가 있었으니 바로 누코사Nucor Corp의 케네스 이버선Kenneth Iverson이다. 그는 미국 전역에 산재해 있는 고물 철강들을 끌어모아 소규모 회사에서 재활용 철강을 제조한 뒤 도로변 철책이나 파이프, 강판 같은 제품을 생산했다. 이를 통해 종합제철회사들의 시장을 크게 잠식하는 데 성공했다. 형태(규모)재검의 역발상을 통한 표준파괴에 성공한 것이다.

일본의 소니는 1970년대 초에 레이저 음악 디스크 연구를 시작해 CD플레이어의 선두주자가 되었으나, 1976년에 레이저디스크가 음악에 적절치 않다고 판단해 연구를 중단했다. 그로부터 3년 후인 1979년에 네덜란드의 필립스가 소니 측에 자신들이 개발한 약 한 시간 정도의 음악을 담을 수 있는 지름 4인치의 레이저 음악 디스크를 보이면서 국제 표준을 제정하자고 제안했다. 하지만 18시간짜리 음악을 담을 수 있는 12인치 디스크까지 개발한 바 있는 소니는 그 제안을 무시했다. 그 뒤 필립스는 베를린 필하모닉 오케스트라의 허버트 폰 카라얀을 초대해 CD의 적절한 연주시간을 물어봤다. 카라얀은 'CD 한 면에 베토벤의 9번 교향곡을 담을 수 없다면, 그 CD는 충분치 않다'고 답했다. 필립스는 CD의 성능재검을 통한 표준파괴의 역발상에 성공했다.

기회창출

모든 일에 대해 위기(위험)를 기회로 바꾸거나 일의 순서(선후)를 바꾸거나 일의 시기(너무 빠르다거나 너무 늦었다는 생각)를 바꿈으로써 기회를 창출한다. 이것이 위기전도, 선후전도, 조만전도의 역발상이다. 기회를 기다리지 않고 스스로 만들어보자는 것이다.

규모가 꽤 큰 참외밭을 가진 노부부가 있었다. 어느 날 할아버지가 다리를 다쳐서 일을 할 수 없게 되자 할머니는 밭 입구에 '한 사람에 1만 원, 참외는 들고 갈 수 있을 만큼'이라고 쓴 팻말을 세워두었다. 누구든 1만 원만 내면 밭에서 참외를 먹을 만큼 먹을 뿐 아니라 들고 갈 수 있을 만큼 가져가게 한 것이다. 그랬더니 사람들이 엄청나게 몰려들어 두 분이 함께 참외를 따서 길가에 내놓고 팔 때보다 훨씬 많은 수입을 올렸다. 할아버지가 다리를 다쳐 일을 할 수 없게 된 위험을 더 많은 수입을 올릴 기회로 바꾼 '위기역전'의 역발상이다.

캐나다의 세계적인 아이스하키 선수인 웨인 그레츠키Wayne Gretzky
는 아이스하키에서 나올 수 있는 거의 모든 기록을 갈아치운 전설적
인 영웅으로, 1999년에 은퇴할 때 명예의 전당에 곧장 이름을 올렸
다. 당시 기자들이 그에게 아이스하키를 그렇게 잘할 수 있었던 비결
이 무엇이냐고 물었다. 그는 "나는 늘 퍽이 어디로 갈 것인가를 예측
하고 퍽보다 앞서 그 자리에 가 있었을 뿐이다"라고 대답했다. 퍽이
가는 것을 보고 뒤쫓아가는 것이 아니라 퍽보다 앞서 가 있는 '선후
역전'의 역발상이 그를 세계 정상에 서게 한 것이다.

기회창출을 위한 역발상은 일의 시기와 관련해서도 시도해볼 필
요가 있다. 어떤 새로운 것에 대한 아이디어가 나왔을 때 사람들은
흔히 '시기상조'라고 말하곤 한다. 하지만 오히려 너무 늦은 것은 아
닌지를 생각해봐야 한다. '왜 좀 더 빨리 이런 생각을 하지 못했을
까?'라고 뒤집어보는 것이다. 또 사람들은 흔히 어떤 일에 대해 생각
이 좀 늦었을 때 '만시지탄을 금치 못한다'고 말하곤 한다. 그러나
'늦었다고 생각할 때가 빠르다'라는 말을 떠올려서 지금이라도 그
일을 해보는 것이 아무것도 하지 않고 한탄만 하는 것보다 낫지 않겠
는가를 검토해야 한다. 현재의 발상구도로 '시기상조'나 '만시지탄'
으로 여겨지는 모든 일에 대해 반드시 '조만역전'의 역발상을 시도
해보자.

영역파괴

내부 세계를 둘러싸고 있는 경계를 과감히 파괴하는 영역파괴의 역발상을 도모한다. 외부 세계를 적극적으로 받아들이는 외부영입, 내부 세계를 벗어나 외부 세계로 과감히 나아가는 대외탈출 또는 내부 세계와 외부 세계를 합쳐서 제3의 새로운 세계를 만들어내는 내외융합의 역발상이 필요하다.

미국 버클리 캘리포니아대학교의 고생물학박물관은 공룡 티타노사우루스Titanosaurus를 전시하는 데 필요한 후원금을 모금하기로 했다. 꼬리뼈 한 조각에 20달러, 두개골과 턱뼈에 5천 달러라는 식으로 티타노사우루스의 300여 뼛조각마다 후원금을 달리하고 후원자의 이름을 뼛조각의 이름과 함께 박물관 액자에 실어주겠다는 광고를 냈다. 그러자 부모들이 아이들의 이름으로 후원금을 내고 초등학교에서는 바자회를 열어 후원금을 마련하는 등 공룡의 뼈가 불티나게 팔렸으며, 입소문이 퍼지는 바람에 공룡 박제를 보려고 관객들도 줄을 서게 되었다. 박물관이라는 고리타분한 경계를 과감하게 허물고, 후원자들 각자에게 자기 좌석을 만들어서 이름을 붙여주는 오페라하우스의 모금 방식을 적극적으로 도입한 사례다. 내부 세계의 영역을 허물고 외부 세계를 과감히 받아들이는 외부영입의 역발상이 성공한 것이다.

1960년대 말까지만 하더라도 전 세계 시계시장의 65퍼센트를 점하던 스위스의 시계산업은 1980년에 이르자 점유율이 10퍼센트에도 미치지 못하게 되었다. 이는 스위스 시계산업이 내부 세계의 영역을 허물고 외부 세계로 과감하게 탈출하는 대외탈출의 역발상을 하지 못한 데서 비롯됐다. 1967년 스위스의 연구자들이 시계를 만드는 데 전자 기술을 도입하는 쿼츠 시계의 구체적 방안을 제안했으나, 스위스 시계산업계가 이를 완전히 무시한 것이다. 반면 세이코를 비롯한 일본의 시계산업계가 이를 받아들여 전자시계를 제조하기 시작했고, 오늘날 세이코는 전 세계 시계시장의 33퍼센트를 점하게 되었다. 스위스의 시계산업계는 기계산업의 영역을 파괴해 전자산업계로 탈출하는 대외탈출의 역발상을 도모하지 못한 반면, 일본의 시계산업계는 이러한 역발상에 성공한 것이다.

영역파괴의 역발상은 내부 세계와 외부 세계를 융합해 제3의 세계를 만들어내는 내외융합의 역발상에서 절정을 이룬다. 오늘날 지식사회에서 더욱 활성화된 여러 디지털 융합은 바로 자기 세계와 타인 세계 간의 경계를 과감히 허물고 양자를 합쳐서 제3의 새로운 세계를 만들어낸 내외융합의 산물이다. 내외융합이 매력적인 것은, 융합이 성공적인 경우 내외 어느 쪽도 직접 가지고 있지 않은 특성을 새롭게 만들어낸다는 데 있다. 그러므로 일상적으로 다루는 모든 기술/절차에 대해 각각의 특징이 무엇인가를 주의 깊게 파헤쳐보고, 그것과 융합해 제3의 새로운 특성을 만들어낼 수 있는 대상을 찾는 습관을 들여야 한다. 지금까지 이야기한 역발상의 방법과 요령을 정리하면 〈표 3〉과 같다.

표 3 | 역발상의 방법

대영역	소영역	예시
주객전도	주객전도	만유인력의 법칙, 엘리베이터의 거울
선호파괴	경중전도	닌텐도의 고객층
	취사전도	여객선의 해수 이용
	성패전도	포스트잇
표준파괴	구조재검	애플PC의 사업구조
	형태재검	누코사의 소규모 철강 제조
	성능재검	필립스의 CD
기회창출	위기역전	참외 할머니의 위기역전
	선후역전	그레츠키의 선후역전
	조만역전	시기상조 및 만시지탄의 재고
영역파괴	외부영입	박물관의 모금
	대외탈출	일본의 시계산업
	내외융합	디지털 융합

역발상의 잠재력을 키우는 방법

지금까지 역발상의 몇 가지 방법을 제시했다. 혁신하고자 하는 기술/절차가 있다면 일단 이들 역발상 방법을 적용해보아야 한다. 그러나 발상구도는 실로 여러 가지 복잡다단한 요소로 구성되기 때문에 이 방법들만으로는 충분하지 않다. 그때그때의 상황이 요구하는 역발상 요령을 스스로 찾아낼 수 있도록 잠재력을 길러야 한다. 우리는 예술과 스포츠에 대한 식견을 기르고 전공을 복수화함으로써 역발상의 잠재력을 크게 키울 수 있다.

문학

문학은 "탁월한 형식 또는 표현으로 영구적이거나 우주적인 관심의 대상이 되는 관념을 표현하는 저술들"[7]로 크게 시, 소설, 희곡 등이 있다.

시는 "구체적인 정서적 반응을 만들어내기 위해 선택되고 정렬된 언어상의 표현"[8]으로 스피커, 어법, 구문, 형상, 심벌, 은유, 운, 유사음, 두운, 율동, 운율, 구조 등으로 구성된다. 소설은 "상상으로 (……) 창작된 이야기"[9]로 플롯, 구성, 등장인물, 배경, 관점, 스타일, 언어, 심벌, 아이러니, 주제 등으로 구성된다. 그리고 희곡은 "동작과 대화를 통해 (……) 전형적으로는 무대 위에서의 공연을 위해 구상된 운문 또는 산문 형식의 작품"[10]으로 플롯, 등장인물, 대화, 무대, 주제 등으로 구성된다.

모든 문학작품에는 독자에게 호소하기 위한 작가의 역발상이 담긴다. 우선 작가가 작품을 통해 전달하고자 하는 주제와 의미 자체가 작가의 역발상의 산물일 수 있다. 그뿐 아니라 작품의 모든 구성 요소 역시 작가의 역발상을 담을 수밖에 없다. 만약 어떤 작품에 역발상이 담기지 않고 기존의 일반적인 발상구도로만 전개되어 있다면, 그 작품은 사람들의 외면을 받을 것이다. 누구나 아는 뻔한 이야기를 좋아할 사람은 없기 때문이다.

따라서 문학작품을 감상할 때는 그것이 전달하고자 하는 의미가 무엇이며, 작품의 구성에서 작가가 어떠한 역발상을 담았는가를 찾아보아야 한다. 그렇게 하면 문학을 더 깊이 있게 즐길 수 있을 뿐만 아니라 자신의 역발상 잠재력도 키울 수 있다. 나는 독자에게 이 일을 언젠가 할 거라고 막연히 생각하지 말고 당장 시작해보라고 말하고 싶다. 우선 좋아하는 작가 한 사람을 골라 그의 일생을 공부한다. 그런 다음 그의 작품들을 감상하면서 그가 각 작품의 주제와 구성에 어떠한 역발상을 담았는가를 찾아보는 것이다.

음악

"음악은 조직화된 방식으로 시간을 통해 진행하는 소리라고 정의될 수 있다. 그러므로 음악은 리듬으로 표현되는 시간과 선율 및 화성으로 표현되는 음고 간의 상호작용을 내포한다. 음악은 리듬, 선율 그리고 화성 등으로 구축되며, 이들이 어떻게 정렬되느냐에 따라 모든 음악 작품의 색채, 텍스처, 형식 그리고 최종적으로는 의미가 영향을 받게 된다."[11] 음악의 이러한 구성에는 청중에게 호소하기 위한 작곡자의 역발상이 담긴다.

문학과 마찬가지로 음악도 독자 자신이 좋아하는 작곡가 한 사람을 골라서 그의 일생을 공부한 후 그의 작품을 감상하기를 권한다. 그러면서 각 작품의 의미와 그것을 전달하기 위한 색깔, 구성, 형식 등에 어떠한 역발상이 담겨 있는가를 깊이 있게 분석해보기를 바란다. 그럼으로써 그의 음악을 더 깊이 있게 즐길 뿐만 아니라 자신의 역발상 잠재력도 키울 수 있다.

미술

"화가의 목적과 의도를 이해하기 위해서는 무수히 많은 요인을 고려해야 한다. 회화와 조각의 크기가 어떠하고, 주제 또는 이야기가 무엇이며, 여러 가지 다른 요소들이 서로 어떻게 관련되어 있는가. 작가의 관점이 무엇이고 그가 색채, 원근, 채광, 음영을 어떻게 그리고 왜 이용했는가. 또한 그가 어떠한 재료와 표면을 사용했고 이들은 완성된 작품의 질에 어떻게 기여하는가 하는 것들이다."[12] 즉, 미술 작품에도 주제와 그것을 전달하기 위한 작품의 여러 가지 구성 요소에 작가의 역발상이 담기게 마련이다.

미술에서도 역시 독자가 좋아하는 미술가 한 사람을 골라서 그의 일생을 공부한 후 그의 작품을 감상하기를 권한다. 작품을 감상하는 동안 각 작품의 주제와 그것을 전달하기 위한 크기, 색채, 원근, 채광, 음영, 재료, 표면 등에 어떠한 역발상을 담았는가를 충실히 분석해보는 것이다. 그럼으로써 그의 작품을 더 깊이 있게 즐길 뿐만 아니라 자신의 역발상 잠재력도 키울 수 있다.

스포츠

스포츠는 "조직화된 경쟁적 육체적 유희"[13]라고 말할 수 있다. 스포츠는 기본적으로 유희이지만, 즉흥적인 유희가 아니고 규칙들에 의해 조직화된 유희, 즉 게임이다. 그리고 게임 중에서도 상대와의 승부가 결정되는 경쟁적 게임, 즉 시합이다.

스포츠는 경쟁적이기 때문에 전략이 필요하고 전략에는 다시 지적 능력이 필요하다. 육체적 능력만으로는 승부에서 이기기 어려우므로 지적 능력에 기초한 전략이 필요한 것이다. 그리고 이러한 전략들은 코치와 선수들의 발상구도에서 나온다. 기존의 발상구도에서 나오는 전략도 있지만, 그것만으로는 승리가 보장되지 않기 때문에 스포츠의 코치와 선수들은 역발상에서 나오는 전략을 많이 활용한다.

그러므로 스포츠를 관람할 때 각 팀이 구사하는 전략을 세밀히 분석해 어떠한 역발상을 구사하고 있는가를 음미한다면, 더욱 흥미롭게 관람할 수 있을 뿐만 아니라 자신의 역발상 잠재력도 크게 키울 수 있을 것이다. 좋아하는 스포츠 팀을 하나 골라서 그 스포츠의 규칙을 자세히 공부하고 팀의 코치와 선수들의 특성을 익혀 이들의 경기를 빠뜨리지 않고 관람하기를 바란다. 경기마다 어떤 역발상을 동원한 전략을 구사하는가를 찾아내며 관람한다면 역발상의 잠재력이 길러질 것이다.

복수전공

역발상의 잠재력을 기르는 매우 효과적인 방법 또 하나는 복수전공을 활용하는 것이다. 복수전공은 자기 전공 분야 이외에 부전공 분야를 가지는 것을 말한다. 이는 비단 학생들에 한정되는 이야기는 아니다. 졸업 후 사회생활을 하면서도 누구나 전공 영역을 갖게 되며, 업무 외에도 특히 관심을 두는 분야가 있게 마련이다. 그리하여 자신의 관심 분야를 여러 곳으로 넓히는 것이 복수전공을 한다는 의미가 될 것이다.

알다시피 모든 학문은 인문학, 사회과학, 이과학으로 크게 나눌 수 있다. 인문학은 "인간과 그들의 문화 또는 인간 가치와 인간 정신의 스스로를 표현하는 (……) 지식의 분야"[14]로 문학, 어학, 언어학, 역사학, 고고학, 철학, 종교학, 미학, 미술학, 음악학 등이 있다. 사회과학은 "인간의 행위를 사회적 및 문화적 측면에서 다루는 학문"[15]으로 정치학, 외교학, 경제학, 사회학, 인류학, 심리학, 지리학, 사회복지학, 언론정보학, 교육학, 법학, 경영학, 행정학, 가정학 등이 있다. 그리고 이과학은 "자연을 지배하는 규칙에 관한 자연과학"[16]과 "추상적 사고의 잘 정의된 체계를 말하는 형식체계에 관한 형식과학"[17]을 총칭하는 것으로 수학, 통계학, 물리학, 천문학, 화학, 생물학, 지구환경학, 공학, 농학, 의학, 치의학, 간호학, 약학, 수의학, 보건학, 환경학 등이 있다.

이들 세 영역은 학문적 특성에서 본질적인 차이가 있다. 말하자면, 학문적 발상구도가 다른 것이다. 따라서 이들 세 영역 중 두 영역에 걸쳐 복수전공을 한 사람은 어떤 기술/절차에 대한 혁신 방안을 모색할 때, 우선 자기 전공 분야의 발상구도하에서 시계열접근과 횡단면접근을 시도할 것이다. 그러나 그것으로 만족하지 못해 역발상을 시도할 때 부전공 영역의 소양이 큰 도움이 될 것이다. 전공 영역의 기존 발상구도와는 다른 발상구도에서 역발상의 방법을 모색하게 해줄 것이기 때문이다. 학문의 세 영역 중 두 영역에 걸쳐 복수전공을 하면 역발상에 통달할 수 있다.

TIPS

역발상을 도모하는 9가지 팁

1 급진적 혁신을 원할 때는 역발상을 도모하라.

2 주객전도의 역발상을 도모하라.

3 경중 · 취사 · 성패전도 등 선호파괴의 역발상을 도모하라.

4 구조 · 형태 · 성능재검 등 표준파괴의 역발상을 도모하라.

5 위기 · 선후 · 조만역전 등 기회창출의 역발상을 도모하라.

6 외부영입 · 대외탈출 · 내외융합 등 영역파괴의 역발상을 도 모하라.

7 좋아하는 문학인, 음악인, 미술인을 선정하여 그들의 모든 작품에서 역발상을 즐기라.

8 좋아하는 스포츠 선수/팀을 선정하여 그들의 모든 경기에서 역발상을 즐기라.

9 역발상에 통달하기 위해 인문학 · 사회과학 · 이과학 중 두 분야에 걸치는 복수전공을 하라.

최선

"모든 일에 최선을 다하는 것이 나의 살아가는 원칙이다. 그것이 국가적으로 매우 중요한 일이든 혹은 순전히 나 자신에만 관련되는 일이든 내가 하는 일에 대해서는 최선을 다하는 것이 버릇처럼 되어 있다. 어떤 일이 꼭 성사가 되느냐, 안 되느냐보다도 그 일에 최선을 다했는가 그렇지 못했는가를 나는 더 중요하게 생각한다. 그야말로 최선을 다했다면, 성사가 되지 않았더라도 나는 후회하지 않는다."

내가 14년 전에 〈대학문화신문〉의 '나의 삶의 철학은' 이라는 시리즈에 기고했던 글의 일부다. 여기서 '살아가는 원칙', 또는 '삶의 철학' 이란 앞서 얘기한 비전 중의 '가치' 에 해당하는 개념이다. 사실 최선을 다하는 것만큼 인생에서 가치 있는 일은 없다고 생각한다.

우리는 어떤 일을 시작할 때 무엇보다도 그 일에 최선을 다할 것을 스스로 다짐한다. 그리고 일을 해나가는 과정에서도 그 다짐을 실천하기 위해 최선을 다한다. 그러나 일을 마치고 난 뒤에는 그 일의 성과는 검토하지만, 최선을 다했는가에 대해서는 잘 생각해보지 않는다.

어떤 일에 최선을 다했고 일도 성공적으로 끝났을 때는, 감사하는 마음이 절로 우러나고 다음에도 최선을 다하리라 다짐하게 된다. 최선을 다했으나 일이 잘 안 되었을 때는, 그 원인을 찾아봐야 하지만 최선을 다했기에 후회할 필요는 없다. 그러나 최선을 다하지 않았을 때는 일의 성패와 관계없이 후회가 남을 수밖에 없다. 최선을 다하지 않았는데도 일이 잘되었을 때는 좀 더 좋은 성과를 거두지 못한 것에 대해 약간의 후회가 생길 것이고, 최선을 다하지 않았고 일도 잘 안 되었을 경우에는 그야말로 후회막급일 것이다. 최선을 다하는 것만이 후회 없는 인생을 사는 길이다.

지식사회에서 성공하기 위한 다짐

시너지를 추구하라

KNOWLEDGE FOR INNOVATION

"우리 중 어느 누구도
우리 모두만큼
현명하지는 않다."

켄 블랜차드●

● Ken Hartley Blanchard(1939~). 미국의 작가 및 경영 전문가. 30권이 넘는 베스트
셀러를 냈는데 그중 《1분 경영The One Minute Manager》(스펜서 존슨Spencer Johnson과
공저)은 1,300만 부 이상이 팔리고 37개국 언어로 번역되었으며, 우리나라에서는
《칭찬은 고래도 춤추게 한다Whale Done!》가 큰 반향을 일으켰다. 코넬대학교Cornell
University를 졸업하였으며 동 대학교의 명예이사와 교환교수직을 가지고 있다.
1979년에 부인과 함께 국제경영훈련 및 자문기관인 켄블랜차드회사The Ken
Blanchard Companies를 설립하였으며, 현재 그곳의 대표정신이사Chief Spiritual Officer다.

전체가 각 부분의 합보다 큰, 시너지[1]

지식사회에서는 경쟁력의 원천이 되는 지식을 효과적으로 창출, 공유, 활용, 축적하기 위해 기업의 운영 방식이 과정 중심의 팀워크 체제로 변화한다. 이에 따라 인간관계 역시 동반자 관계로 바뀐다. 지식사회에서는 같은 조직 내의 동급자 간이나 상·하급자 간은 물론 조직 외부의 모든 사람과도 동반자로서 협력을 도모해야만 한다. 협력은 아름답고 바람직한 인간관계를 유지하기 위해서도 필요한 삶의 자세이지만, 정보력과 창의력을 효과적으로 갖추기 위해서도 필수불가결한 삶의 방식이다.

인간관계에서 협력을 도모하는 방식은 대인관계에 따라 달라진다는 것을 우리는 잘 알고 있다. 그리고 앞서 인간사회의 대인관계가 크게 비경쟁적 대등관계, 상하관계 그리고 경쟁적 대등관계로 나누어짐을 살펴보았다. 여기서는 비경쟁적 대등관계에서의 협력을 위해서는 시너지가 추구되어야 함을 보고자 한다. 비경쟁적 대등관계로는 업무 측면의 동급관계, 품질 측면의 수요관계 및 공급관계 그리고 중립관계가 포함된다.

시너지는 두 개 이상의 주체(물체/사람)를 합쳤을 때 그 성과가 전체를 구성하는 주체들 각각의 성과의 합을 능가하는 것을 말한다. 즉 전체가 그것을 구성하는 부분들의 합보다 커지는 것이다. "시너지는 부분들이 서로에 대해 가지는 관계 자체가 스스로 그리고 당연히 하나의 부분이라는 것을 의미한다. 그것은 한 부분일 뿐만 아니라 가장 촉매적인, 가장 힘을 주는, 가장 통합적인 그리고 가장 자극적인 부분이다."[2]

시너지는 자연 현상에서 많이 발견된다. 두 개의 식물을 서로 가까이 심으면 뿌리들이 서로 얽혀서 토질을 개선한다. 그래서 분리해 심었을 때보다 둘 다 더 잘 자라게 된다. 비빔밥은 밥과 나물과 양념을 섞은 것인데, 대부분의 사람은 밥과 나물과 양념을 따로따로 먹는 것보다 비벼 먹을 때 더 맛있다고 생각한다. 시너지 때문이다.

시너지는 사람들 간에도 나타난다. 예컨대 부부의 관계를 생각해 보자. 한 남자와 한 여자가 합치면 각자가 따로 할 수 있는 것을 합한 것보다 훨씬 더 많은 것을 할 수 있다. 가정을 만들어서 더 행복하게 살 수 있고, 자식을 낳을 수 있으며, 대부분 일도 더 많이 할 수 있어서 재산도 더 많이 모을 수 있다. 부부야말로 지상 최대의 시너지를 거둘 수 있는 관계다.

어떤 교수가 학생들의 리포트를 모아 책으로 출판하려 한다고 해 보자. 교수는 하나의 주제를 여러 개의 소주제로 쪼개서 학생들 각자가 하나씩 맡아 리포트를 쓰게 했다. 그런 다음 이 리포트들을 모아서 한 권의 책을 만드는 경우와 각자 준비해온 리포트를 모두 모인 자리에서 발표한 다음 토론을 거쳐 수정, 보완한 후에 출판하는 경우가 있다면 어느 쪽이 더 좋은 내용의 책이 되겠는가? 누가 봐도 불문가지의 일이다. 전자의 경우에는 학생들 간의 협력을 통해 만들어진 시너지가 전혀 담기지 않은 데 비해 후자에는 그러한 시너지가 제대로 담겨 있기 때문이다.

인간사회의 거의 모든 일은 각자가 따로 하는 것보다 목표를 같이하는 사람들끼리 협력해서 함께할 때 훨씬 더 큰 성과를 얻을 수 있다. 대부분 '1+1=2'가 아니라 "1+1이 8, 16 또는 1,600까지도 될 수 있다."[3] 목표를 같이하는 사람들이 협력해서 일하면 이들 간에 의견 교환, 격려, 자극, 충고 등 여러 가지 교호작용이 생기므로 각자가 따로 일해서 얻는 것을 합한 것보다 훨씬 큰 성과를 거둘 수 있다.

이러한 시너지는 앞서 살펴본 여러 가지 복잡한 대인관계 중 기본적으로 비경쟁적 대등관계에 있는 사람들 간에 얻어질 수 있다. 사람들이 우선 대등관계에 있어야 각자가 전체를 구성하는 부분을 분담할 수 있고, 비경쟁적인 관계에 있어야 전체의 성과를 부분의 성과 합보다 크게 하기 위해 노력할 수 있기 때문이다.

그러면 지금부터는 비경쟁적 대등관계에 있는 주체들 간에 어떤 조건이 충족되어야 시너지를 얻을 수 있는지 살펴보자.

시너지의 조건

첫째, 공통의 목표

시너지가 만들어지기 위해서는 먼저, 협력하는 주체들이 공통의 목표를 가져야 한다. 두 식물을 가까이 심는 것은 모두 잘 키우겠다는 목표를 두 식물에 대해 공통으로 가지고 있기 때문이고, 비빔밥의 경우에는 맛있는 음식을 만들겠다는 목표를 밥과 나물 그리고 양념에 대해 공통으로 가지고 있다. 부부는 행복한 가정을 만들겠다는 공통의 목표를 가지고 있으며, 교수와 학생들은 좋은 내용의 책을 만들겠다는 공통의 목표를 가지고 있다.

우리는 동급관계에서는 업무에 관해 당연히 공통의 목표를 가지고 있다. 동급자들에게는 함께하는 일의 성공이 공통의 목표다. 공통의 목표가 없으면 이들 사이에 시너지가 추구되지도 않을 것이고, 시너지가 발생하지도 않을 것이다.

마찬가지로 우리는 수요관계에서는 생산물의 품질이 높아지기를 바라는 공통의 목표를 가지고 있고, 공급관계에서는 원자재 및 중간재의 품질이 높아지기를 바라는 공통의 목표를 가지고 있다. 그래서 수요관계와 공급관계에서는 품질 측면에서 시너지가 추구될 수 있다.

중립관계는 어떨까? 즉 동급관계나 수요관계, 공급관계가 아니고 경쟁관계에 있지 않은 사람들 간에도 공통의 목표가 있어야 시너지가 추구될 수 있다. 중립관계에 있는 어떤 사람을 만나서 시너지를 추구할 수 있으려면 두 사람 간에 협력하고자 하는 공통의 목표가 확인되어야 한다. 공통의 목표는 동급관계, 수요관계, 공급관계 그리고 중립관계에 있는 사람들과 시너지를 추구하는 데 필요한 가장 기본적인 조건이다.

둘째, 신뢰의 구축

협력을 통한 시너지가 구현되기 위해서는 협력 참여자들 상호 간에 인간적인 신뢰가 구축되어야 한다. 참여자들 모두가 서로를 인간적으로 신뢰해야 한다. 이 말은 상대방을 이성적으로 판단해서 신뢰하는 것이 아니라 감성적으로 좋아해서 진정으로 신뢰하는 것을 말한다. 즉, 머리가 아니라 마음으로 신뢰하는 것이다.

만약 협력 참여자들 간에 신뢰가 매우 낮아서 서로가 상대방에 대해 자신을 방어하고 보호하고 변명하고자 한다면, 당연히 협력이 제대로 이루어지지 못할 것이며 따라서 시너지도 생길 수 없다. 때에 따라서는 전체 참여자가 함께 일해 얻는 성과가 각자 개별적으로 일해 얻는 성과의 합보다 작아질 수도 있을 것이다. 즉, 마이너스 시너지가 발생할 수도 있다.

이보다는 좀 더 나은 경우로 서로가 방어하고 보호하고 변명하고자 하지는 않지만, 가능한 한 마찰을 피하고 상대를 정중하게 대하면서 예의를 지켜준다 하더라도 시너지는 제대로 거두어지지 않는다. 이러한 이성적 신뢰로는 마이너스 시너지까지는 아니더라도 전체의 성과가 부분의 합보다 더 커지는 시너지를 기대하기는 어렵다.

그렇기에 시너지를 제대로 얻으려면 협력 참여자들 서로가 감성적으로 좋아해서 인간적으로 신뢰해야 한다는 것이다. 허심탄회하게 아이디어를 나누고 따뜻하게 도와주면서 서로 필요로 하는 자극을 주고받고 진심으로 충고할 수 있을 정도로 인간적 신뢰가 쌓여야 한다. 최대한의 시너지를 얻기 위해 협력자들 간에 어떠한 방법으로 인간적 신뢰를 구축할 수 있을 것인가에 대해서는 다음의 '시너지의 추구'에서 논의한다.

셋째, 차이의 존재

시너지가 발생하기 위해서는 협력하는 주체들 간에 특성의 차이가 있어야 한다. 시너지와 관련해 흥미로운 사실 하나는 주체들 간에 특성의 차이가 클수록 시너지가 더 커진다는 점이다. 부부간의 시너지를 생각해보라. 남자와 여자의 차이는 정신적으로나 육체적으로나 엄청나게 크다. 협력하는 두 주체 간에 이렇게 극명한 차이를 드러내는 경우는 아마도 매우 드물 것이다. 부부간에 협력이 제대로 이루어져서 시너지가 발생한다면 세상의 어떠한 일에서보다 더 큰, 아니 다른 일과는 비교할 수 없는 매우 값진 시너지가 발생한다.

장단점이 서로 다른 두 사람이 협력해 시너지를 추구한다고 가정해보자. 한 사람은 일을 부지런히 하는 장점을 지녔지만 화를 잘 내는 단점이 있는 데 비해, 다른 한 사람은 누구에게나 유연하게 대하는 장점을 지녔지만 매사에 게으름을 피우는 단점이 있다고 하자. 이 두 사람이 함께 일하기로 한다면, 제품을 만드는 일은 부지런한 사람이 맡고 그것을 파는 일은 유연한 사람이 맡는 것으로 하여 일을 시작할 수 있을 것이다. 그리고 함께 일하는 과정에서 화를 잘 내던 사람은 상대에게 유연함을 배우고, 게으르던 사람은 상대에게 부지런함을 배우는 노력을 하게 될 것이다. 그러면 결국 이 일은 부지런하고 유연한 두 사람이 해나가는 셈이 된다. 최고의 시너지를 거두게 되는 것이다.

참여자들 간에 협력이 잘 이루어지기만 한다면 서로의 차이가 클수록 시너지가 더 커지는 것이 일반적이다. 차이점이 서로 보완작용을 하기 때문이다. 따라서 시너지를 극대화하기 위해서는 협력에 참여하는 주체들 간 특성의 차이를 활용하는 방안이 만들어져야 한다. 이에 대해서는 다음의 '시너지의 추구'에서 자세히 다룬다.

넷째, 노력의 지속

사람들은 실제 생활에서 가능한 시너지를 충분히 거두지 못하고 있다. 노력하지 않기 때문이다. "많은 사람이 자신들의 가족생활이나 다른 교류에서 어느 정도의 시너지를 실제로 경험해보지 못하고 있다. 그들은 방어적이고 보호적인 교류에 훈련되어 있고 각본에 맞춰

져 있다. (……) 이는 인생의 커다란 비극과 낭비의 하나다. 많은 잠재력이 제대로 발휘되지 못하고(완전히 개발, 사용되지 못하고) 있기 때문이다. (……)"[4]

시너지를 위한 협력은 그것을 지속하기 위해 의식적으로 노력해야 성공할 수 있다. 협력에 의한 시너지는 단시일 내에 나타나지 않는 경우가 일반적이며, 특히 특성의 차이가 큰 주체들일수록 초반에는 평화롭고 원만하게 협력을 진행하기가 쉬운 일이 아니기 때문이다. 협력에 참여하는 모든 사람에게 고도의 인내심이 필요하다.

시너지의 조건과 크기에 관한 지금까지의 이야기를 요약하면, 〈그림 5〉와 같다. 즉 시너지는 공통의 목표에서만 출발할 수 있고, 신뢰

그림 5 | 시너지의 조건과 크기

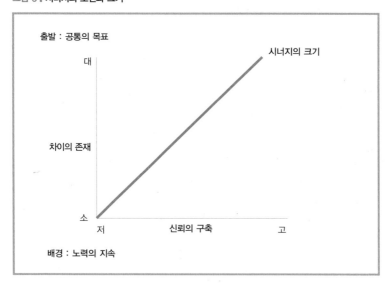

의 구축이 강할수록 그리고 차이의 존재가 클수록 커지며, 협력을 위한 노력이 뒷받침되어야 한다.

시너지의 추구

첫째, 한 배를 타라

시너지를 제대로 거두기 위해서는 공통의 목표를 설정해야 한다. 먼저 어떤 중립자를 만나게 되었을 때, 그와 어떤 시너지를 추구할 수 있겠는가를 생각해보아야 한다. '내가 이 사람과 무엇을 함께할 수 있을까?'에 대해 생각하기를 체질화해야 한다. 같은 배를 타기 위한 공통의 목표를 찾아보는 것이다.

아울러 동급자들, 수요자들 그리고 공급자들에 대해 그들과 시너지를 충분히 추구하고 있는가를 정기적으로 점검해야 한다. '내가 이 사람(들)과 할 수 있는 일을 제대로 하고 있는가?'를 항상 묻는 것이다. 공통의 목표를 서로 제대로 인식하고 있는지, 그리고 그것을 위해 충분히 협력하고 있으며 시너지효과를 제대로 거두고 있는지를 수시로 검토하는 습관을 길러야 한다. '내가 이 사람들과 과연 같은 배를 타고 있는가? 그리고 함께 배를 잘 저어가고 있는가?'를 정기적으로 점검해야 한다.

둘째, 먼저 이해하라

시너지를 얻기 위해서는 협력하는 사람들 간에 인간적 신뢰가 구축되어야 함을 앞서 보았다. 그러기 위해서는 내가 먼저 상대방을 신뢰해야 한다. 그러려면 또 내가 먼저 상대방을 이해해야 한다. 상대방에게 나를 이해시키려고 하기에 앞서 내가 먼저 상대방을 이해하고자 노력해야 한다. "먼저 이해하고 그러고 나서 이해시키려"[5]고 해야 하는 것이다. 내가 그를 이해하기에 앞서 나를 그에게 이해시키는 것은 불가능에 가까운 일이다.

상대방을 이해하는 가장 좋은 방법은 그의 말을 경청하는 것이다. 남의 말을 듣는 데에는 대체로 5가지 방식이 있다. 다른 사람에 대한 동의 여부를 결정하기 위해 듣는 평가 방식, 질문하기 위해 듣는 탐구 방식, 충고하기 위해 듣는 자문 방식, 설명하기 위해 듣는 해석 방식 그리고 그 사람을 신뢰하기 위해 듣는 이해 방식이다. 이들 5가지 방식 중에서 처음의 4가지는 모두 자신의 발상구도에 따라 다른 사람의 얘기를 듣는 경우다. 마지막의 이해 방식만이 나 자신의 발상구도를 벗어나 상대방의 발상구도로 들어가서 그 사람의 얘기를 듣는 경우다.

상대방을 신뢰하려면 그의 얘기를 이해 방식으로 경청해야 한다. 그 사람의 발상구도로 들어가서 그의 말을 되새기고 그와 느낌을 함께하면서 들어야 한다. 그의 말이 옳은지 그른지를 판단하려 하지 말고, 그가 왜 그렇게 말하는가를 진정으로 이해하기 위해 경청해야 한다.

그 과정에서 상대방을 이해하게 될 뿐만 아니라 자신과 상대방 사이에 어떠한 차이점이 있는가를 발견하게 된다. 그의 생각이나 태도, 자세가 자신과 얼마나 다르며 그의 장단점이 얼마나 다른가를 알게 된다. 그리고 이러한 차이점이 두 사람의 발상구도상 어떠한 차이에서 생겨나는지도 알게 된다.

이러한 차이점은 크게 환영할 만한 일이다. 왜냐하면 이러한 차이야말로 시너지를 극대화할 수 있는 매우 중요한 바탕이기 때문이다. 상대방과의 차이점을 깊게 이해하고 크게 환영하고 높게 평가하며 깊게 존중하는 마음을 가지면, 당연히 그를 인간적으로 신뢰하게 되고, 시너지를 위한 바탕의 중요한 한 부분이 마련될 것이다.

또한 이러한 과정에서 상대방은 당신이 자신의 마음속으로 들어와 자신의 말을 마음으로 듣고 있고 자신을 마음으로 이해하고 있다는 사실을 느끼게 된다. 그러면 상대방도 당신을 이해하고 당신을 인간적으로 신뢰하는 마음의 문을 열기 시작할 것이다.

이제 그가 당신을 완전히 인간적으로 신뢰하도록 만들기 위해서 마지막으로 당신은 자신의 발상구도로 돌아와 그에게 당신을 이해시키는 노력을 해야 한다.

상대방을 이해하고 차이점을 존중하며 인간적으로 신뢰한다는 것이 반드시 모든 점에서 상대방에게 동의해야 함을 의미하지는 않는다. 물론 상대방을 이해하는 과정에서 당신 자신의 발상구도가 상당

한 정도 수정되었을 수도 있기에, 당신을 이해시키기가 그만큼 쉬워
질 것이다.

그러나 당신에게 상대방과의 발상구도 차이가 남아 있다 하더라
도 무리하게 없애려고 노력할 필요는 없다. 상대방에게 "당신이 명
확하고 구체적이고 가시적이고, 가장 중요하게는 전후 관계를 고려
해(상대방의 발상구도와 관심을 깊게 이해한다는 배경하에) 당신 자신의 생
각을 제시할 수 있다면 당신은 자기 생각의 신뢰도를 상당히 높이게
될 것이다."[6] 그리고 당신과 그의 차이점이 시너지를 높이는 데 크게
도움이 된다는 사실을 상대방에게 상기시킬 필요도 있을 것이다.

사람들 간에 인간적 신뢰를 구축하는 일은 쉬운 일이 아니다. 그
러나 거듭 강조하지만 당신이 먼저 진정으로 상대방의 발상구도로
들어가서 그를 이해하고, 그리고 나서 당신의 발상구도로 돌아와 당
신을 이해시키는 노력을 계속한다면 그렇게 어려운 일만은 아니다.

셋째, 차이를 활용하라

시너지를 거두기 위해서는 협력에 참여하는 사람들 간에 효과적인
협력 방안이 만들어져야 한다. 함께 지켜갈 가치는 무엇인가, 일을
어떻게 분담할 것인가, 서로의 차이점을 어떻게 활용할 것인가, 진행
과정에서 어떠한 방식으로 그리고 얼마나 빈번하게 협의를 할 것이
며, 시너지의 효과를 어떻게 평가할 것인가 등에 대해 종합적인 방안
이 만들어져야 한다.

협력 방안에는 먼저 '가치'가 포함되어야 한다. 이는 '지혜 1: 비전을 세우라'에서 비전을 이야기할 때 살펴보았던 가치와 같은 것이다. 즉 어떠한 원칙을 지켜나가면서 시너지를 추구할 것인가를 말한다. 그것은 협력 참여자들의 공통 목표에 따라 또는 참여자들의 성향에 따라 달라질 수 있다. 그리고 협력을 진행하는 시기의 주위 상황에 따라서도 달라질 수 있다. 예컨대 공통의 목표가 고도의 인내심을 요구하는 일이라면 '인내', '불굴', '끈기' 등이 가치에 포함될 것이다. 참여자들이 대체로 소극적인 성격이라면 '적극', '참여', '긍정' 등이 가치가 될 것이다. 그리고 주위 상황이 선거 등으로 정치적 분위기가 고조되어 있다면 '안정', '중립', '정도' 등이 가치로 설정될 수 있을 것이다.

다음으로, 효과적인 협력을 위해서는 일의 효과적인 분담 방안이 마련되어야 한다. 이를 위해서는 일의 성격과 참여자들의 규모 및 특성이 함께 고려되어야 한다. 참여자들 간에는 이미 신뢰가 구축되어 있고, 서로의 차이점을 충분히 이해하고 그것에 대해 높은 존중심을 가지고 있기 때문에 참여자 각각의 장점 또는 강점을 살려서 일을 어떻게 분담하느냐에 따라 시너지의 극대화 여부가 결정될 것이다.

그 밖에도, 효과적인 협력 방안에는 성과에 대한 평가 방안이 포함되어야 한다. 물론 평가는 평가 그 자체가 목적이 아니다. 협력의 정신에 비추어볼 때 격려와 자극을 위한 것이고 협의를 위한 것이며 나눔을 위한 것이다. 협력 참여자 모두가 서로를 격려, 자극하고 협의하고 나누기 위해 얼마나 빈번하게 그리고 어떠한 방식으로 평가할 것인가에 관한 방안이 만들어져야 한다.

협력 방안은 너무 추상적이어서도 안 되고 너무 구체적이어서도 안 된다. 너무 추상적이면 실용성이 없어지고, 너무 구체적이면 진행 과정에서 참여자들의 적극성과 창의력이 제대로 발휘될 수 없기 때문이다. 참여자들의 적극성과 창의성을 살리면서 실용성이 있는 수준의 협력 방안이 만들어져야 한다. 그리고 협력 방안은 될 수 있으면 주체들 모두가 참여하여 또는 적어도 그들이 직접 뽑은 대표에 의해 만들어져야 한다. 그래야 협력이 제대로 이루어지고 시너지도 커진다.

효과적인 협력 방안은 반드시 다수의 사람이 협력에 참여할 때에만 필요한 것이 아니다. 두 사람 간의 협력에서도 적절한 수준의 구체성을 바탕으로 협력 방안이 만들어져야 한다. 앞서 제시한 '〈그림 5〉 시너지의 조건과 크기'는 협력 참여자가 둘 이상인 모든 규모에 적용된다.

넷째, 끝까지 하라

시너지를 추구하기 위해서는 지속적인 노력이 필요하다. 무엇보다 시너지에 대한 확신을 가져야 하고, 결과를 수시로 상상해볼 필요가 있으며, 협력 참여자들 간의 커뮤니케이션을 유지해야 한다.

무엇보다 중요한 것은 시너지에 대한 확신이다. 공통의 목표를 가지고 서로가 인간적으로 신뢰하면서 효과적인 협력 방안을 꾸준히 실천해나가면, 협력은 반드시 성공하고 시너지는 반드시 나타난다는 신념을 모두가 가져야 한다. 사실이 그렇다. 각자 혼자서 하는 것보다 협력 참여자들과 함께할 때 비교가 안 될 정도로 성과가 커지는 것이 세상의 이치다. 다만 그러한 시너지는 그냥 얻어지는 것이 아니라 참여자 모두가 끊임없이 노력하는 가운데 이루어진다는 사실을 기억해야 한다. 전체는 부분의 합계보다 크다는 진리에 대한 인식과 신념이 협력에 참여하는 모든 사람에게 확고히 자리 잡아야 한다.

다음으로, 협력의 결과 얻어질 시너지를 정례적으로 상상해볼 필요가 있다. 지금까지 이야기한 여러 사항을 제대로 실천했을 때 어떤 시너지가 얻어지겠는가를 수시로 그려보는 것이다. 그 그림을 계속해서 떠올리는 한 포기하지 않게 될 것이다.

그리고 협력 참여자 상호 간에 끊임없는 커뮤니케이션이 이뤄져야 한다. 평가를 위해서도 그렇지만, 서로가 포기하지 않도록 자극을 주고받기 위해서도 반드시 필요하다.

또 하나 유의할 점은, 시너지의 성과가 협력 참여자 개개인에게 직접 배분되지 않는 경우가 허다함을 인식할 필요가 있다는 것이다. 시너지의 대표적인 사례로 부부가 만들어낸 행복한 가정이라는 성과는 부부 각자에게 배분되는 것이 아니고 부부가 함께 누리는 것이다. 직장의 동급자들이 업무와 관련하여 만들어낸 시너지의 성과 역시 일차적으로는 시너지 참여자 개개인에게 직접 배분되지는 않는다. 회사의 발전이라는 공통의 성과로서 공유하게 된다. 그러나 회사의 발전은 구성원 개개인의 복지 증대로 연결되므로 궁극적으로는 시너지의 성과를 누리게 된다. 그러므로 성과가 당장 배분되지 않는다고 해서 시너지를 추구하는 데 소극적이어서는 안 된다. 부분의 합계보다 전체가 더 커지는 시너지로 인해 전체가 커졌을 때 그것으로부터 협력 참여자 개개인이 가치를 향유할 수 있으며, 또 대부분의 경우 전체가 커진 성과가 이차적으로는 개개인에게 배분될 것이기 때문이다.

협력을 통해 어떤 일을 시작할 때 시너지를 얻고자 한다면, 그 일에 대해 비전서를 만들고 정기적으로 업데이트할 것을 강력히 권유한다. 앞서 이야기한 바와 같이 비전서는 사명, 가치, 계획으로 구성된다. 시너지를 위한 비전서의 사명에는 '한 배를 타라'에서 이야기한 공통의 목표를 담고, 가치에는 '먼저 이해하라'와 '차이를 활용하라'에서 이야기한 가치 관련 사항들을 담고, 계획에는 '차이를 활용하라'와 '끝까지 하라'에서 제시한 사항들을 담는다.

TIPS

시너지를 추구하는 9가지 팁

1 처음 만나는 사람에 대해 언제나 시너지를 생각해보라.

2 동급자들과의 시너지를 정기적으로 점검하라.

3 나를 이해시키기 전에 남을 먼저 이해하라.

4 나와의 차이를 존중하라.

5 나와의 차이를 활용하라.

6 시너지를 위한 가치를 설정하라.

7 시너지의 결과를 자주 그려보라.

8 시너지를 위해 끊임없이 커뮤니케이션하라.

9 시너지를 위한 비전서를 만들고 정기적으로 업데이트하라.

코칭 파트너가 되라

"훌륭한 코치는 선수로 하여금
자신이 무엇인가를
알게 해주는 것이 아니라
자신이 무엇이 될 수 있는가를
알게 해준다."

아라 파라쉐피안●

● Ara Parasheghian(1923~). 미국의 풋볼 선수 및 코치. 마이애미대학교Miami University, 노스웨스턴대학교Northwestern University 및 노트르담대학교University of Notre Dame의 수석 풋볼코치를 지냈다. 83.6퍼센트의 승률을 기록한 노트르담대학교에서의 11년간은 '아라의 시대'로 알려져 있다. 1980년에 '대학풋볼 명예의 전당'에 입성했다.

새로운 파트너십이 필요하다[1]

코치와 선수

복잡다단한 대인관계를 부드럽고 아름답게 유지하고, 지식사회에서 경쟁력의 원천이 되는 지식을 효과적으로 창출·공유·활용·축적하기 위해서는 협력이 필요하다. 그리고 효과적인 협력의 방식은 비경쟁적 대등관계, 상하관계 그리고 경쟁적 대등관계로 크게 나뉘는 대인관계의 유형에 따라 달라진다. 그중 상하관계에서의 효과적인 협력을 위해서는 '코칭 파트너십coaching partnership'이 필요하다.

코칭 파트너십이란 '코칭coaching'을 통해 협력관계가 이루어지는 것을 말한다. 코칭이란 본디 스포츠에서 빌려온 말로 코치coach가 선수player를 지원해서 경기를 잘하도록 이끄는 것을 가리킨다. 즉 상하관계에 있는 사람들 간에 상급자는 코치가 되어 하급자를 지원하고, 하급자는 선수가 되어 상급자의 지원을 받아 일을 잘 해나가는 것을 코칭이라고 한다. 이때 상하관계의 사람들 간에 이루어지는 협력관계를 코칭 파트너십이라 한다. 이를 코치 입장에서 보면 코칭 리더십

coaching leadership이라 할 수 있는데, 앞에서 본 '파트너링 리더십'의 하나다.

코칭은 흔히 '멘토링mentoring'과 동의어로 사용되기도 하지만, 그 것과는 구분하는 것이 좋다. 멘토링은 전문가 또는 상급자가 자신들의 축적된 지식과 삶의 경험을 동원해 고객 또는 하급자의 삶 또는 일을 종합적으로 계속 보살피고 조언해주는 것을 의미한다. 이에 비해 코칭은 전문가 또는 상급자가 고객 또는 하급자로 하여금 잠재력을 동원해 삶 또는 일의 과제들에 대한 해답을 스스로 찾도록 지원해주는 것을 말한다. 코칭은 '카운셀링counseling'과도 구분된다. 카운셀링은 전문적인 카운셀러counselor가 고객에게 상담을 통해 문제를 파악하고 해답과 대책을 제시해주는 반면에, 코칭은 어디까지나 고객 또는 하급자가 스스로 해답과 대책을 찾도록 한다.

코칭: 지지·후원과 자신·주도

코칭 파트너십에서 가장 중요한 것은 코치가 선수에게 지시·통제하지 않고 코치가 선수를 지지·후원한다는 사실이다. 바꾸어 말하면, 선수로 하여금 코치의 지시·통제에 순응·추종해 일하게 하는 것이 아니라 코치의 지지·후원을 받아서 스스로의 의지와 능력을 발휘해 일하게 하는 것이다.

코치의 가장 중요한 역할은 선수를 지지·후원하는 것이다. 지시하고 통제하려고 해서는 안 된다. 선수가 자신의 잠재력을 최대한 발휘해 일하도록 지지하고, 선수가 일을 해나가는 과정에서 여건을 개선하고 애로를 극복해나가며 결과에 대한 책임에서 벗어날 수 있도록 후원해주어야 한다.

어떤 과제가 있으면 코치는 다음의 4가지 역할을 한다. 첫째, 선수(들)를 선정해 과제를 부여하고 과제의 수행 방안을 준비하게 한다. 둘째, 선수의 준비가 끝나면 코칭을 통해 그 과제의 수행 방안을 확정한다. 셋째, 선수가 그 과제를 수행하도록 하면서 몇 차례 중간 점검을 위한 코칭을 시행한다. 넷째, 과제가 완수된 뒤 평가를 위한 코칭을 가진다. 이러한 모든 과정에서 코치는 선수를 지시·통제하지 않고 지지·후원해야 한다.

코치는 선수에게 과제를 부여할 때 선수에 대한 인정과 기대를 보여주고, 과제의 수행 방안에 포함될 항목들을 선정할 때 질문과 경청으로 선수가 스스로 정리하게 한다. 과제의 수행 방안을 확정할 때 역시 질문과 경청을 통해 선수가 스스로 결정하게 한다. 그리고 과제를 수행하는 과정에서 미리 합의된 정기적 코칭 일정에 따라 선수를 기다려준다. 그리고 과제가 완수되어 평가를 할 때는 칭찬·격려해준다. 지금까지 언급한, 코치가 선수를 지지·후원하기 위한 인정과 기대, 질문과 경청, 칭찬과 격려에 대해서는 뒤에서 구체적으로 다룬다.

코칭에서 코치의 기본적인 역할이 지지·후원이라면, 선수의 기본적인 역할은 자신·주도다. 선수는 일에 대한 자신감을 가지고 일을 주도해야 한다. 자신과 주도는 상호의존적이다. 자신감을 가져야 주도할 수 있고, 주도할 의지가 있어야 자신감이 생긴다.

자신감은 능력에서 나오는 것이 아니라 의지에서 생기는 것이다. 내가 능력이 있어야만 자신감을 가질 수 있는 것이 아니다. 능력은 의지가 있다면 키울 수 있다. 사람은 누구나 무한한 잠재력을 가지고 있다. 의지를 가지고 잠재력의 발휘를 위해 노력하면 능력은 생기게 되어 있다. 따라서 먼저 능력을 키울 수 있다는 자신감을 가지고 일에 임하는 것이 중요하다.

어떤 일을 주도한다는 것은 그 일을 처음부터 끝까지 이끌고 간다는 것을 의미한다. 여기서는 일의 기획에서부터 수행 그리고 종결까지 선수가 주도권을 가지고 추진하는 것을 말한다. 코칭의 가장 중요한 본질은 일의 주도권을 선수가 가지는 데 있다. 운동경기를 생각해 보라. 주도권이 누구에게 있는가? 당연히 선수에게 있다. 그러므로 선수가 주도적인 역할을 하지 못하면 경기에서 이길 수가 없다. 코치는 선수를 도와줄 뿐이다. 모든 조직에서의 일도 마찬가지다. 선수가 주도권을 가지고 임해야 일이 잘될 수 있다. 선수가 코치의 지시·통제에 따라 일하려고 해서는 제대로 될 수가 없다. 더구나 코칭에서는 코치가 절대 지시·통제하지 않고 지지·후원만 하게 되어 있다. 선수가 주도하지 않으면 일의 수행 방안이 만들어지지 않고 일이 추진될 수가 없으며 일이 완성될 수도 없다.

선수는 코치의 지지·후원을 받아 과제의 본질에 대해 집중하여 숙고하고, 해답과 방안을 선택해 자신의 것으로 소유하며, 실패를 두려워하지 않고 과제의 추진을 시도하고, 어려움이 생기더라도 중단함이 없이 지속함으로써 과제 수행의 기획과 집행을 자신·주도해야 한다. 선수가 과제를 집중·숙고하고 선택·소유하며 시도·지속함으로써 과제의 기획과 수행을 자신·주도하는 방안에 대해서는 뒤에서 구체적으로 다룬다.

코칭 파트너십은 어떤 점이 다른가

만약 하급자가 상급자의 지시·통제에 따라서만 일한다면, 하급자는 잘해야 상급자의 역량만큼만 일하게 된다. 그래서 하급자의 발휘되지 않은 역량이 남아 있을 수 있다. 그뿐 아니라 하급자는 일의 방식을 자신이 선택하지 않았기 때문에 일의 결과에 대한 책임감을 가지지 않게 되고 따라서 최선을 다하기가 어려워진다.

반면 상급자가 코치로서 지지·후원하는 데 그치고 하급자가 선수로서 자신·주도하여 일하면, 우선 선수의 역량이 모두 발휘될 것이다. 그리고 코치가 선수를 최대한 지지·후원하는 과정에서 선수의 잠재력까지 일깨워 써먹게 할 수 있으며, 나아가서는 코치의 역량까지 보태질 수 있다. 코치의 지지·후원이 선수의 자각을 불러일으켜 조직의 가능한 모든 역량이 동원되는 것이다.

또한 선수는 일의 방안을 스스로 선택했기 때문에 일의 결과에 대한 책임이 스스로에게 있다고 생각해 최선을 다하게 된다. 일의 수행 과정에서 선수의 책임감이 극대화되는 것이다.

이처럼 코칭에서는 상급자가 하급자의 자각과 책임감을 불러일으킴으로써 일의 성과가 극대화된다. 코치의 지지 · 후원에 힘입어 선수는 자신 · 주도로써 일의 해답을 자각적으로 선택하고 소유하여 스스로 책임감을 가지고 일해나가게 된다.

코치의 방법

첫째, 인정 · 기대하라

어떤 과제가 있을 때 코치는 다음 네 단계의 역할을 한다.

첫째, 선수(들)를 선정해 과제를 부여하고 과제의 수행 방안을 준비하게 한다.

둘째, 선수의 준비가 끝나면 코칭을 통해 그 과제의 수행 방안을 확정한다.

셋째, 선수가 그 과제를 수행하도록 하면서 몇 차례 중간 점검을 위한 코칭을 시행한다.

넷째, 과제가 완수된 뒤 평가를 위한 코칭을 가진다.

코치가 지지 · 후원하기 위해서는 먼저 인정 · 기대해야 한다. 위의 첫째 단계에서 코치가 선수에게 과제를 부여할 때, 코치는 선수가 그 과제를 담당할 자격과 능력을 충분히 갖추고 있음에 대한 인정을 표시해주어야 한다. 선수가 과거에 잘했던 일을 상기시키거나, 선수가 해오던 말의 훌륭한 측면을 부각해준다거나, 선수가 주어진 과제와 관련이 있는 일을 과거에 잘해냈던 사실을 상기시키는 등 여러 가지 방법이 있다. 아울러 코치는 과제의 중요성을 강조함으로써 선수에게 동기를 부여하면서 선수 스스로가 해답과 방안을 찾을 수 있으리라는 강한 기대를 표시해야 한다. 인정하고 기대함으로써 선수가 일의 추진을 자각에 의해 선택하고 소유하게 하여 책임감을 불러일으켜야 한다.

둘째, 질문·경청하라

코치가 지지·후원하기 위해서는 또한 질문·경청해야 한다. 첫째 단계에서는 과제의 수행 방안에 포함될 항목들에 대해 코치와 선수가 합의할 필요가 있을 것이다. 그러나 이들 항목을 코치가 선수에게 직접 일러주는 것은 바람직하지 않다. 코치에게 질문하고 경청하고 보충 질문을 하면서 선수가 스스로 정리하게 해야 한다.

둘째 단계에서 수행 방안을 확정할 때에도 코치는 선수에게 지시하거나 간섭하지 않고 질문·경청해야 한다. 코칭 시간의 30퍼센트는 코치의 질문 그리고 70퍼센트는 선수의 답변으로 진행되어야 한다는 것이 코칭의 정론이다. 선수가 금방 좋은 답을 말하지 못해 답답하더라도 코치가 답을 말해서는 안 된다.

다시 말할 필요도 없이, 질문은 선수의 자각과 책임감을 불러일으키도록 던져져야 한다. 그리하여 선수의 숨어 있는 잠재력이 모두 발휘되게 해야 하고, 필요하다면 선수가 모르는 사이에 선수의 답에 코치의 역량이 보태지도록 해야 한다.

그리고 경청은 선수의 답을 진정으로 이해할 수 있도록 코치가 자신의 발상구도를 벗어나서 선수의 마음속으로 들어가 그의 발상구도까지 이해하면서 이루어져야 한다. 물론 경청이 끝난 뒤 코치는 선수의 답을 충분히 이해한 바탕 위에 자신의 발상구도로 돌아와서 자신의 발상구도하에서 선수의 답을 세밀히 검토한 후 선수의 잠재력을 더 끌어내기 위해 보충 질문을 던질 수 있다.

둘째 단계에서 주어진 과제의 수행 방안을 정립하기 위한 코치의 질문 · 경청은 대체로 다음과 같은 것들에 관한 것이다.

시기별 목표의 설정 시기별 목표에 대해서는 코치가 선수에게 먼저 제시하지 말고, 선수가 생각하는 목표가 무엇인지를 질문하고 경청한다. 그런 다음 코치가 생각하는 목표와 차이가 있을 때는 계속 질문하고 경청하면서 우회적으로 차이를 좁혀가는 방식을 취해야 한다. 특히 차이의 조정이 선수의 자각과 책임감을 조금이라도 저해하지 않도록 유의해야 한다.

현재 및 미래의 상황 파악 코치는 과제의 현재 상황, 그것을 그대로 두었을 때 전개될 미래의 상황, 그러한 상황을 초래한 요인들 그리고 그러한 상황이 미치는 영향들을 선수가 객관적, 구체적, 포괄적으로 파악하도록 관련된 질문들을 던진다. 선수의 답을 경청하고 보충 질문들을 함으로써 선수의 자각을 높여간다.

가능한 대안의 모색 상상할 수 있는 대안들을 모두 나열해본다. 코치는 질문과 경청과 보충 질문을 반복해서 선수가 스스로 가능한 대안들을 모두 나열하도록 유도해야 한다. 정히 안 되면 "그 밖에 더 없을까요?"를 반복해서라도 선수가 스스로 상상해내도록 해야 한다. 코치가 생각하는 중요한 대안을 선수가 끝내 생각해내지 못한다면, 그것을 수수께끼 형식으로 만들어 질문하는 것도 한 방법이다.

방안의 선택 및 세부 실행 방안 수립 코치는 앞에서 모색한 대안들 각각에 대해 어떻게 평가하는지를 선수에게 질문한다. 선수의 답변을 경청하고 보충 질문을 함으로써 선수가 각 대안을 올바르게 평가하도록 돕는다. 대안들에 대한 평가가 충분히 이루어졌다고 판단되면 선수에게 여러 가지 대안 중에서 하나를 고르게 한다. 선택한 대안에 대해 코치는 여러 각도의 질문을 통해 선수가 올바르게 이해하고 있는지를 확인해야 한다. 만약 선수가 선택한 대안이 자신이 생각하는 최선의 안과 다르다면, 차이점을 나름대로 정리해 다시 질문을 던지고 선수의 답변을 경청해야 한다. 이 과정에서 선택된 대안이 선수가 처음에 제시한 것과 달라지더라도 선수의 선택과 소유임을 분명히

해야 한다. 그리고 선택된 안에 대해 세부적인 실행 방안을 만들 때에도 코치는 질문·경청을 통해 선수의 자각과 책임감을 불러일으켜야 한다.

여건 및 애로의 예상과 개선 및 극복 방안의 모색 선택된 방안과 세부적인 실행 방안에 대해서는 예상되는 여건을 살펴보고 그 과정에서 부딪힐 애로를 개선하고 극복할 방안에 관해서도 코칭이 이루어져야 한다. 이 역시 선수의 자각, 선택 및 소유로 찾아져야 한다. 다만 코치는 여건을 개선하고 애로를 극복하기 위해 선수가 자신에게 기대하는 것이 무엇인가를 반드시 질문해야 한다. 그리고 선수의 답변을 경청한 뒤, 그것을 후원하기 위해 최선을 다할 것임을 약속해야 한다.

셋째, 칭찬·격려하라

코치가 지지·후원하기 위해서는 또한 칭찬·격려해야 한다. 셋째 단계에서 과제를 수행할 때, 코치는 정기적으로 코칭을 가지는 일정에 대해 미리 합의하고 그 일정에 따라 선수를 기다려주어야 한다. 중간에 좋은 생각이 떠올랐다거나 일이 잘못되고 있다고 느껴진다 해서 다음 코칭 시간까지 기다리지 않고 개입하면, 선수를 지지하지 않는 것이 된다. 위급한 상황이 아니면 선수를 기다려주어야 한다. 물론 선수가 필요로 하고 원할 때에는 언제든지 코칭에 응해주어야 한다.

넷째 단계에서 과제가 완수되어 평가를 할 때, 코치는 선수를 칭찬·격려해주어야 한다. 특히 일이 잘되었을 때는 칭찬을 아끼지 말아야 한다. 그래야 선수에 대한 코치의 지지가 완성된다. 다만 주의할 점은 진정성이 있는 칭찬이어야 한다는 것이다. 이때도 질문하고 경청하는 형식을 취함으로써 진정성을 더할 수 있을 것이다. "어떻게 그렇게 예정된 시간 내에 일을 잘할 수 있었나요? 어떤 점에 유의하면서 일을 추진했나요?"라는 식으로 질문하고 경청하는 것이 좋을 것이다. 또한 "내 나름대로는 여건을 개선하고 애로를 극복하는 데 도움이 되고자 했는데, 실제로 도움이 되었나요?"라고 물어보는 것도 필요하다. "이번 일의 성공이 다른 동료들에게 아주 훌륭한 모범이 되었는데, 이번 일을 통해 얻은 교훈이 무엇인가요?" 같은 질문도 진정한 칭찬의 한 방법이다.

코치에게 더욱 어려운 때는 일이 만족스럽게 되지 못했거나 실패한 경우일 것이다. 이 경우 선수가 책임감을 가지고 일을 했다고 판단되고, 선수를 해고해야 할 정도의 상황이 아니라면 선수에게 책임을 지우지 말아야 한다. 꼭 필요하다면 코치가 책임을 도맡으면서 선수를 격려해주는 것이 진정한 지지·후원이 된다. 과제의 추진 방안을 만드는 코칭에서는 선수의 책임감을 불러일으키기 위해 애썼지만, 과제가 수행된 뒤 일의 결과에 대해 선수에게 책임을 묻는 것은 될 수 있으면 피하는 것이 바람직하다.

코치는 먼저 일의 결과에 대한 선수 스스로의 평가를 질문·경청하고, 그러한 결과가 초래된 원인들에 대해서도 선수의 판단을 질문 · 경청하며, 일의 과정 및 결과에서 선수가 얻은 교훈에 대해서도 질문 · 경청해야 한다. 이러한 과정을 거쳐 선수를 격려해주는 것은 과제의 수행 방안을 수정해 다시 추진하는 경우에 무척 중요하다. 그리고 같은 과제를 다시 추진하지 않더라도 앞으로 다른 일에서 선수가 공포감을 가지지 않고 자각 · 선택 · 소유함으로써 자신감과 책임감을 가지고 일할 수 있도록 이끌기 위해서도 반드시 필요하다.

선수의 방법

첫째, 집중 · 숙고하라

선수가 자신 · 주도하기 위해서는 코치의 질문에 집중하고 숙고하는 것이 매우 중요하다. 그래야만 선수 자신의 잠재력을 모두 발휘해서 과제의 수행 방안을 만들 수 있다. 집중한다는 것은 사고의 초점을 질문의 핵심에 맞추는 것을 말한다. 질문의 핵심을 파악하지 못하고 질문에 나온 단어들을 이것저것 떠올리는 식으로 겉돌아서는 답을 찾기가 어렵다. 만약 핵심이 잡히지 않는다면 코치에게 되물어 핵심을 잡아야 한다.

질문의 핵심을 잡은 뒤에는 먼저 그 핵심을 중심으로 숙고해야 한다. 최대한 깊이 생각해야 한다. 깊이 생각한다는 것은 문제를 겉으로만 보는 것이 아니라 바닥까지 파고들어서 따져본다는 것을 말한다. 숙고하는 과정에서 선수는 여러 가지 의문을 가질 수 있는데, 의문이 생기면 기탄없이 코치에게 질문해야 한다. 질문을 한다는 것은 그만큼 숙고하고 있다는 뜻이므로 환영할 만한 일이다.

질문의 핵심에 대한 숙고가 끝나면 선수는 자연히 핵심과 관련된 주변 사항들을 고려해볼 것이다. 핵심에 대한 숙고에서 얻어진 해답이 관련된 주변 사항들과 모순되지는 않는지 또는 관련된 주변 사항들 때문에 그 해답이 현실성이 없거나 무의미해지지는 않는지 등을 검토한다. 이러한 문제는 선수의 답을 경청한 코치로부터 보충 질문 형식으로 제기될 수도 있다.

둘째, 선택 · 소유하라

선수가 자신 · 주도하기 위해서는 문제의 답과 과제의 수행 방안을 직접 선택하고 소유해야 한다. 답과 방안을 코치가 선택해서는 안 되며, 선택된 답과 방안을 코치가 소유해서도 안 된다.

코칭의 과정을 생각해보면 이는 매우 당연한 일이다. 코칭은 모든 사항에 대해 코치의 질문과 선수의 답으로 진행된다. 코치는 절대로 답을 말하지 않으며, 어디까지나 선수가 선택한다. 그래서 답과 방안이 당연히 선수의 소유가 되는 것이다. 코칭을 통해 집중 · 숙고하여 답과 방안을 선택했기 때문에 선수는 이에 대해 누구보다도 애정을 가지게 되고, 그래서 더더욱 자신감과 책임감을 가지고 추진에 나서게 된다.

셋째, 시도 · 지속하라

선수가 자신 · 주도하기 위해서는 일을 시도하고 지속해야 한다. 코칭의 최종적인 목적은 선수가 주도권을 가지고 일을 시도하고 지속하게 하는 데 있다. 시도하기 위해서는 선수가 실패에 대한 공포감을 가지지 말아야 한다. 그 공포감을 코치가 없애줄 수 있다면 더욱 좋겠지만, 그렇지 않더라도 선수는 실패를 두려워하지 말아야 한다. 시도하지 않으면 실패할 일이 없지만, 동시에 성공도 할 수 없다. 반면에 시도하는 것은 실패의 가능성을 늘 품고 있지만, 동시에 성공의 길도 열린다. 그리고 실패한다고 해서 모든 것을 잃는 게 아니다. 때로는 성공보다 더 값진 교훈을 얻을 수 있다. 선수는 당연히 시도하는 쪽을 선택해야 한다.

일의 성공을 위해서는 시도보다 지속이 더 중요하다. 한 번의 시도로 그 일이 저절로 끝까지 굴러가지는 않는 것이 일반적이기 때문이다. 선수는 끊임없이 일이 굴러가게 해야 한다. 이 과정에서 예상하지 못했던 불리한 여건이나 애로에 부닥치면 코칭을 요청해서 코치의 도움을 받을 수 있다.

어떤 일이 실패로 끝났을 때 2가지 선택이 있다. 그 일을 포기하는 것과 다시 시도하는 것이다. 이것은 선수가 독자적으로 선택할 수 있는 일이 아닐 것이다. 그러나 선수는 뒤에서 제시할 자기코칭을 통해 재시도를 했을 때의 전망을 그려볼 수 있으며, 그에 따라 포기 또는 재시도를 건의할 수 있다. 코칭은 이를 선택하는 데에도 도움이 된다.

지금까지의 이야기를 요약하면 〈그림 6〉과 같다. 코치는 선수를 지지·후원하기 위해 인정·기대하고 질문·경청하며 칭찬·격려해야 하고, 선수는 자신·주도하기 위해 집중·숙고하고 선택·소유하며 시도·지속해야 한다. 그럼으로써 선수의 자각과 책임감이 만들어진다. 이것이 바로 선수의 모든 잠재력과 코치의 역량을 동원해 일의 성과를 극대화하는 코칭 파트너십이다.

그림 6 ┃ **코칭의 조건과 효과**

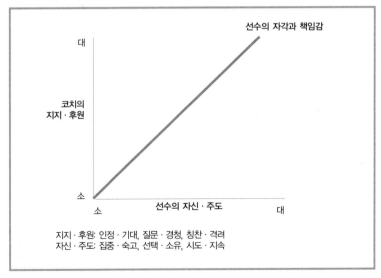

이러한 코칭 과정이 지나치게 시간을 소모하는 것 아니냐고 우려하는 독자도 있을 것이다. 물론 상급자가 하급자에게 지시하고 통제해 과제를 수행하는 것에 비하면 시간이 훨씬 많이 걸리는 게 사실이다. 그러나 다시 말하지만 코칭에 의하면 선수의 모든 잠재력과 이를 초과하는 코치의 역량이 모이고, 수행 과정에서 선수의 책임감까지 보태져서 지시·통제에 의한 것과는 비교할 수 없는 성과를 거두게 된다. 그리고 수행 과정에서 선수의 역할을 고려하면 기획과 수행을 포함한 전체 과정의 시간은 오히려 코칭의 경우가 더 짧아질 수도 있다.

코칭의 성과

지금까지의 이야기는 상급자와 하급자 간에 코칭을 통해 일해나가기로 합의가 된 상태를 전제로 했다. 즉 한 조직에 코칭문화가 정립된 경우를 가정한 것이다. 그러나 코칭문화가 정립된 조직은 사실상 매우 드물다. 코칭문화가 생소한 조직에서는 어디서부터 어떻게 접근해가야 할지 살펴보자.

코칭문화가 정립되어 있지 않은 조직에서 어떤 상급자가 코칭을 통해 하급자와 일해나가고자 하는 경우, 코칭 과정에서 그는 하급자가 앞에서 본 선수의 역할을 해주지 않는 문제에 부닥칠 것이다. 이 경우 코치(상급자)는 인내심을 가져야 한다. 코칭문화가 정립되어 있지 않다 하더라도 시간을 들여서 노력하면 머지않아 자리가 잡힐 것이다. 사람은 누구나 본성적으로 지시·통제를 받는 것보다 지지·후원을 받는 것을 선호하며, 순응·추종하기보다 자신·주도하기를 원한다. 상급자가 인내심을 가지고 노력하면 하급자는 조만간 유능한 선수로 변화할 것이다. 처음에는 비교적 간단한 과제, 즉 성과가 금방 나타날 수 있는 과제부터 코칭을 시작해보는 것도 한 방법이다.

더 어려운 것은 이와 반대의 경우다. 즉 하급자는 코칭을 알고 있고 코칭을 원하지만, 상급자가 그렇지 못해 코칭이 이루어지지 않는 경우다. 이런 상황이라면 하급자가 코칭을 요구하기란 불가능할 것이다. 그 상급자는 지시하고 통제하는 문화에 오래 몸담아왔을 것이기 때문이다. 그러나 코칭의 중요성을 고려할 때, 코칭을 알고 있는 하급자는 어떻게 해서든 상급자가 코칭에 대해 알 기회를 가지도록 여러 가지 방법을 연구해보아야 한다. 그것이 조직의 발전을 위하는 길이고 장기적으로 자기 자신을 위한 길이기 때문이다.

상급자가 코칭에 대해 인식하게 되어서 코칭이 이루어지기까지 기다리는 동안 하급자가 나름대로 시도해볼 수 있는 하나의 방법이 있다. 바로 자기코칭self-coaching이다. 자기코칭이란 스스로 코치이자 선수가 되어서 코칭을 하는 것이다. 이 하급자는 자신이 코치가 되어서 자기 자신에게 질문한 후 자신이 선수가 되어서 집중·숙고한 뒤 그 질문에 답변하고, 다시 자기 자신이 코치가 되어서 그 답변을 경청한 후 보충 질문을 한다. 이러한 방식으로 코칭을 진행하면서 주어진 과제에 대하여 스스로 답을 구한다.

이렇게 자기코칭을 통해 얻은 답을 상급자로부터 지시받은 답과 통합해보면 분명 2가지보다 더 좋은 답을 얻을 수 있을 것이다. 이렇게 해서 얻어진 답은 하급자의 잠재력이 모두 동원되고 상급자의 역량이 보태진 답이 될 것이다. 아마도 코칭을 통해 얻을 수 있는 답에 매우 근접할 것이다.

하급자는 이렇게 강화된 답을 상급자에게 제시해 그의 동의를 얻어 집행하면 좋을 것이다. 물론 현실적으로는 쉬운 일이 아니겠지만, 이렇게 자기코칭과 지시가 합쳐진 답이 여러 차례 반복되는 과정에서 상급자도 자연히 코칭을 알게 되고 코칭의 효과를 인정하게 될 것이다.

물론 자기코칭은 통상의 코칭보다 훨씬 더 어려운 일이다. 그러나 그 효과를 생각한다면 시도해볼 만한 일이며, 반복되는 과정에서 자기코칭 능력이 예상보다 빠르게 향상될 것이다. 다시 강조하지만, 자기코칭을 포함하여 코칭은 막강한 위력을 발휘한다. 코칭은 코치의 인정·기대, 질문·경청, 칭찬·격려를 통한 지지·후원과 선수의 집중·숙고, 선택·소유, 시도·지속을 통한 자신·주도로 이루어진다. 선수의 자각을 통해 선수의 잠재력과 코치의 역량이 합쳐진 답을 만들게 함으로써 책임감을 가지고 일을 추진하여 최고의 성과를 거두게 한다. 이와 같은 코칭 파트너십은 조직을 그야말로 강하게 만들어준다.

TIPS

코칭 파트너가 되는 9가지 팁

1 코치와 선수는 각각 지지 · 후원과 자신 · 주도로 선수의 자
각 · 책임감을 만들라.

2 코치는 인정 · 기대하라.

3 코치는 질문 · 경청하라.

4 코치는 칭찬 · 격려하라.

5 선수는 집중 · 숙고하라.

6 선수는 선택 · 소유하라.

7 선수는 시도 · 지속하라.

8 상급자는 스스로 코치가 되어 코칭문화를 도입하라.

9 하급자는 자기코칭을 통해 코칭문화를 도입하라.

승승사고를 가지라

"친구를 가까이하되
적을 더 가까이하라."

김연아●

● 김연아(1990~). 세계 정상에 오른 한국의 피겨 스케이팅 선수. 피겨 스케이팅의 여자 싱글 부문에서 사상 최초로 4대 국제대회(동계올림픽, 세계선수권, 4대륙선수권, 그랑프리파이널)의 그랜드슬램을 달성했다. "제대로 된 연습장 하나 갖추지 못하고, 이끌어줄 만한 지도자와 선배도 없는 상황에서 김 선수 같은 세계적인 슈퍼스타가 나올 수 있었던 비결은 (……) 김 선수가 굉장한 '연습벌레'라는, '보이지 않는' 사실에서 찾아야 할 것이다. 실제로 '그녀가 지치기 전에 빙판이 먼저 지친다'는 말이 나올 정도로 김 선수는 연습에 최선을 다했다. (……) 김 선수는 자신의 약점을 잘 파악하고 그것을 극복하기 위해 집중적인 노력을 기울일 줄도 알았다. (……) 실수를 두려워하지 않는 것도 김연아 선수의 장점이다. 경기를 하다가 실수를 하면 (……) 김 선수는 그 실수를 만회하기 위해 과감하게 다른 기술을 구사할 줄 안다. (……) 심리적으로 부담스러울 수밖에 없는 라이벌을 피하기보다 도리어 배워야 할 선배나 친구 같은 존재로 인식하는 것도 김 선수의 특장이다."(김도균, "스포츠에서 배우는 경영과 마케팅의 비법", KHDI CEO세미나(2008년 12월 4일), 인간개발경영자연구회, 한국인간개발연구원).

모두 이기는 경쟁은 없을까?[1]

승자와 패자

대인관계는 비경쟁적 대등관계, 상하관계, 경쟁적 대등관계로 크게 나뉜다. 그중 비경쟁적 대등관계에서 협력을 위해서는 시너지의 추구가 필요하고, 상하관계에서 협력을 위해서는 코칭 파트너십이 필요하다는 것을 보았다. 이제 경쟁적 대등관계에서의 협력을 위해서는 승승사고가 필요함을 알아보고자 한다. 경쟁적 대인관계에는 동급관계의 보상 측면, 수요관계와 공급관계의 가격 측면 그리고 경쟁관계가 포함된다.

경쟁적 대등관계에서는 4가지 목표 중 하나를 지향해 경쟁이 이루어진다. 승(자신)-승(상대), 승(자신)-패(상대), 패(자신)-승(상대) 그리고 패(자신)-패(상대)가 그것이다. 즉 자신과 상대가 모두 경쟁 이전보다 좋아지는 승-승win-win, 자신은 경쟁 이전보다 좋아지고 상대는 경쟁 이전보다 나빠지는 승-패win-lose, 반대로 자신은 경쟁 이전보다 나빠지고 상대는 경쟁 이전보다 좋아지는 패-승lose-win 그리고

자신과 상대가 모두 경쟁 이전보다 나빠지는 패-패lose-lose의 4가지
중 어느 하나를 지향한다.

인류사회를 발전시키는 승승사고

승승사고란 경쟁 과정에서 경쟁의 결과가 언제나 승-승이 되도록
추구하는 사고를 말한다. 자신도 이기고 상대도 이기는 것을 목표
로 하여 그러한 방법을 찾고 경쟁하고자 노력하는 사고방식을 말
한다.

인간사회에서 가장 많이 볼 수 있는 경쟁의 사고방식은 승패사고
다. 나는 승하고 상대는 패하게 하자는 것이다. 이러한 사고는 인간
사회의 모든 경쟁을 영합게임zero-sum game이라고 보는 데서 기인한
다. 영합게임이란 모든 게임 참가자의 게임을 통한 득실의 결과를 합
치면 영(0)이 되는, 즉 득실이 없어지는 게임을 가리킨다. 이와는 달
리 정합게임plus-sum game은 게임의 전체 결과가 정(+)의 득이 되는 게
임을 말하고, 부합게임minus-sum game은 게임의 전체 결과가 부(-)의
득, 즉 실이 되는 게임을 말한다.

영합게임적 사고는 경쟁을 통해 한 사람이 더 가지면 다른 사람은
그만큼 덜 가질 수밖에 없다고 보는 것이다. 그러나 이 사고는 바람
직하지 않다. 다음에서 보는 바와 같이, 이 경우에는 상대도 같은 사
고로 행동할 것이므로 결국은 패-패의 결과를 가져올 수밖에 없기
때문이다.

그리고 드물기는 하지만, 때로는 패승사고를 가진 사람들도 접할 수 있다. 이것은 양보하는 것과는 또 다르다. 양보는 대승적 차원에서 하는 것이며 그것은 승승사고에서 나오는 것이다. 패승사고는 안일주의, 냉소주의 등에서 나오거나 허식일 수가 있다. 패승사고 역시 바람직하지 않다. 내가 패하고 경쟁의 상대를 승하게 해주자는 사고는 사실상 경쟁을 포기함을 의미한다. 결코 바람직한 사고방식이 아니다. 경쟁이 없으면 인류사회는 발전할 수 없다.

또 패패사고도 없지 않다. 나도 망하고 너도 망하자는 것이다. 이것은 매우 불건전한 사고방식이다. 인류사회를 퇴보와 멸망의 길로 가져가는 사고이기 때문이다.

다시 말할 필요도 없이, 경쟁은 승—승을 목표로 하는 것이 가장 바람직하다. 너도 이기고 나도 이기자는 사고방식이며, 인간사회의 모든 경쟁을 기본적으로 정합게임이라고 보는 것이다. 선택하는 방식에 따라 승—승의 결과를 가져올 수 있는 경쟁이 얼마든지 가능하다. 그리고 그러한 경쟁은 인류사회를 발전시키는 원동력이 된다. 승승사고야말로 가장 바람직한 경쟁의 자세다.

혹자는 승—승이 어려울 때에는 무거래no deal가 바람직하다고 말하기도 한다. 그러나 이것은 비현실적인 얘기다. 우리에게는 이미 동급자, 수요자, 공급자 또는 경쟁자들이 있다. 승—승이 되지 않는다고 해서 이들과의 기존 관계를 끊을 수는 없다. 같은 일을 계속하는 한 기존의 동급자나 경쟁자와의 관계는 불가피하다. 그리고 수요자나 공급자와의 관계도 마찬가지다. 어떤 거래 하나를 하지 않을 수는 있겠지만 무거래는 장기적 관계를 손상시키며, 거래자를 바꾸는 경우에도 같은 문제가 생길 수 있다. 그러므로 승승사고에 따라 승승의 방법을 계속 찾는 것이 가장 바람직하다.

승승사고에는 무엇이 필요한가

첫째, 승패사고는 패-패를 부름을 인식한다

승승사고를 정착시키기 위해서는, 첫째 승패사고에 따르는 경쟁이 필연적으로 패-패를 가져온다는 사실을 인식해야 한다. 먼저 경쟁 관계를 보자. 예컨대 갑과 을이 같은 제품을 만들어서 파는데, 갑이 시장점유율을 높이기 위해 자사 제품의 가격을 내린다고 가정하자. 여기서 시장점유율을 높이겠다는 사고가 바로 승패사고다. 갑의 시장점유율이 높아지면 을의 그것은 낮아질 수밖에 없다. 자신은 승하고 상대는 패하게 하자는 사고다. 이 경우 을이 가만히 있지는 않을 것이다. 그도 가격을 낮추어서 시장점유율을 지키거나 갑보다 가격을 더 많이 낮추어서 시장점유율을 높이려고 할 것이다. 갑과 을 간에 가격 인하의 악순환이 시작되고, 급기야는 갑과 을 모두가 지나친 가격 인하로 적자를 보게 되어 폐업의 위기로 몰리게 된다. 패-패가 초래되는 것이다.

시장점유율을 높이기 위해 투자를 늘려 품질을 개선하는 전략을 구사하거나, 가격 인하와 품질개선을 병행하는 전략을 구사하는 경우에도 패-패를 가져오기는 마찬가지다. 경쟁의 목표를 시장점유율을 높이는 데 두는 것 자체가 승패사고에서 출발한 것이기 때문이다. 승패사고에서 출발한 경쟁은 거의 필연적으로 패-패를 불러온다.

동급관계에서도 마찬가지다. 동급관계에 있는 갑과 을은 제품의 생산량을 늘리거나 품질을 높이는 일에서는 시너지를 추구하여 협력하겠지만, 만약 갑이 을보다 급여를 더 많이 받아야겠다는 승패사고를 가진다면 상황이 달라질 것이다. 갑은 자신이 맡은 일은 열심히 하되 을이 맡은 일을 도와주지는 않고 도리어 을의 일이 잘 안되기를 바랄 것이다. 그러면 어떤 결과가 나타날까? 시너지 추구가 제대로 되지 않아 팀 전체에 대한 평가가 낮아지고, 을은 물론 갑의 급여도 낮아질 가능성이 커진다. 승패사고가 패-패를 가져오는 것이다.

승패사고가 패-패를 가져오는 것은 수요관계나 공급관계에서도 마찬가지다. 우선 수요관계에서는 제품의 수량이나 품질에서는 비경쟁적이지만 가격에 관해서는 경쟁적이다. 회사가 판매 가격을 높여서 영업이익을 높이고자 하면 수요자는 소비를 줄이는 방식으로 대응할 것이고, 이는 결국 회사의 이익 감소를 가져올 가능성이 크다. 승패사고가 패-패를 가져오는 것이다. 공급관계에서는 어떠하겠는가를 독자 스스로 추론해보기 바란다.

우리 사회에서의 경쟁을 볼 때, 자신은 승하고 상대는 패하도록 하고자 했던 것이 양쪽 모두 패하는 결과를 가져오는 경우가 일반적이다. 경쟁을 하다 보면 승–패 또는 패–승의 상태는 오래가지 못하고 결국 패–패로 귀착된다. 그러므로 승승사고를 가지려면 무엇보다도 승패사고가 결국은 패–패를 가져온다는 사실을 명확히 인식해야 한다.

둘째, 궁핍정신이 아니라 풍요정신으로

둘째, 갑과 을의 경쟁관계를 다시 이야기해보자. 만약 갑이 판매량을 늘려 이익을 증대시키는 것을 목표로 하고 시장점유율에 대해서는 특별한 관심을 가지지 않는다면 어떻게 될까? 갑은 가격을 적절한 선으로 인하해 소비자들의 전체 소비량을 늘려 이익을 증대시키고자 할 것이다. 갑의 이러한 전략에 따라 을도 가격을 인하해야 하지만, 그만큼 판매량이 늘어날 것이므로 이익을 증대시킬 수 있을 것이다. 갑이 승승사고에서 출발함으로써 갑과 을 모두가 승리하는 승–승이 된 것이다.

갑은 어떻게 승승사고를 가질 수 있었을까? 바로 풍요정신 abundance mentality을 가졌기 때문이다. 풍요정신은 "저쪽에 모든 사람을 위해 풍부하게 그리고 모든 사람에게 나누어줄 수 있을 만큼 충분히 있다고 생각하는 발상구도를 말한다. (……) 긍정적인 상호작용적 성장과 발전을 통해 제3의 새로운 대안이 만들어질 가능성이 무한히 있다고 생각한다."[2] 그래서 상대방의 것을 꼭 빼앗아오지 않고도 내 것을 더 많게 할 수 있다고 생각한다.

바꾸어 말하면, 자신이 하기에 따라서 '떡을 크게 만들 수 있다'고 생각하는 것이다. 떡의 덩어리가 커지면 그중에서 자신과 상대가 차지하는 떡의 조각이 모두 커질 수 있다는 생각이다. 그래서 떡의 덩어리를 크게 하면서 자신과 상대의 조각도 크게 하는 방법을 찾는 것이 승승사고다. 떡의 덩어리를 크게 할 수 있다는 풍요정신이야말로 승승사고의 기초가 된다.

이와 같은 풍요정신의 반대는 궁핍정신scarcity mentality이다. 상대가 많이 가지면 나는 적게 가질 수밖에 없다는 사고다. 승패사고는 바로 이러한 궁핍정신에서 나온다.

풍요정신은 동급관계에도 필요하다. 우리 회사가 제품을 많이 팔아서 이익이 많아지고 그래서 종업원 전체의 급여가 올라간다면, 동급자의 보상을 깎지 않더라도 자신의 급여가 올라갈 수 있다고 생각하면서 시너지의 추구를 강화할 수 있을 것이다. 동급관계는 보상 측면에서 경쟁적인 관계에 있지만 충분히 승승사고를 할 수 있다.

수요관계나 공급관계에서는 어떨까? 수요관계에서는 판매량을 고정적으로 보고 가격을 높여서 이익을 늘리려는 발상구도에서 벗어나야 한다. 판매량을 늘릴 수 있다는 풍요정신을 가지면 오히려 가격을 인하함으로써 이익을 증대시킬 수 있을 것이다. 그러면 회사와 수요자가 승—승한다. 공급관계에서도 비슷하다. 공급자가 중간재 가격을 인하하면 회사는 중간재 구입량을 늘릴 수 있고, 완제품을 낮은 가격에 더 많이 생산할 수 있다. 이를 통해 공급자와 회사의 이익이 모두 커지는 승—승의 결과를 얻을 수 있다.

결론을 말하자면 궁핍정신은 승패사고를 만들어 패—패를 가져오고, 풍요정신은 승승사고를 만들어 승—승을 가져온다는 것이다. 바꾸어 말하면, 인간사회에서 일어나는 경쟁의 결과는 승—승 아니면 패—패가 될 수밖에 없다.

셋째, 나에게는 용기를, 상대에게는 배려를

셋째, 승승사고를 정착시키고 발휘하기 위해서는 용기와 배려가 필요하다. 용기는 자신의 승을 위해 필요하고 배려는 상대의 승을 위해 필요하다.

언뜻 보기에 용기와 배려는 상충되는 속성으로 여겨질 수 있다. 자신의 승을 위해 용기를 가지면 상대의 승을 위해 배려하기가 어려워지고, 상대의 승을 위해 배려하면 자신의 승을 위해 용기를 가지기가 어려워질 것으로 보이기 때문이다. 그러나 승승사고를 위해 용기와 배려가 반드시 필요하며, 다만 이를 균형 있게 갖추도록 유의해야 한다. 용기는 강하되 배려가 약하면 승패사고가 되고, 배려는 강하되 용기가 약하면 패승사고가 되기 때문이다.

그러나 인간사회의 일들을 이분법으로 보지 않고 좀 더 성숙한 마음가짐으로 보면 용기와 배려는 얼마든지 조화를 이룰 수 있다. 자신의 승을 추구하면서 상대의 승을 왜 함께 배려할 수 없겠는가? 방법만 있다면, 누구나 자신의 승을 추구하면서 상대의 승을 함께 배려하고자 할 것이다. 다른 한편으로, 상대의 승을 배려하기 위해 자신의 승을 포기하고자 하는 사람도 방법만 있다면 상대의 승을 배려하면서 자신의 승도 잃지 않으려고 할 것이다. 문제는 방법이다.

그러나 승승의 방법은 승승사고를 가져야 찾을 수 있으며 승승사고는 자신의 승을 생각하는 용기와 상대의 승을 생각하는 배려가 균형 있게 조화를 이루어야 정착될 수 있다. 먼저 용기와 배려를 의식적으로 가져서 승승의 방법을 찾아야 한다.

지금까지의 이야기를 요약하면 〈그림 7〉과 같다. 승패사고는 필연적으로 패-패를 가져온다는 사실을 인식하고, 인간사회는 언제나 떡을 크게 만들 가능성을 풍부히 지니고 있다는 풍요정신을 가져야 한다. 아울러 자신의 승을 위한 용기와 상대의 승을 위한 배려를 균형 있게 조화시킬 때 승승사고가 정착된다.

그림 7 | **승승사고의 조건**

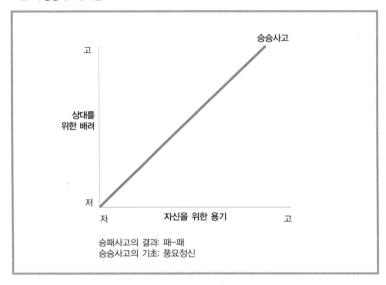

승패사고의 결과: 패-패
승승사고의 기초: 풍요정신

승승사고를 어떻게 실행할 것인가

어떤 과제가 주어졌을 때, 그 과제의 실행이 승-승의 결과를 가져오
도록 승승실행 계획을 세워야 한다. 승승실행 계획은 목표의 설정,
현재 및 미래의 상황 파악, 가능한 대안들의 검토, 방안의 선택 및 세
부 실행 방안 수립, 예상되는 반응의 검토 및 마무리 방안의 수립 등
을 포함해야 한다.

목표의 설정 목표는 승-패를 가져오도록 설정해서는 안 된다. 앞에

서 보았듯이 '시장점유율의 제고'와 같이 목표 자체가 승-패를 의미하는 것이어서는 안 된다는 뜻이다. 사실 시장점유율을 높이는 이유가 무엇인가? 시장점유율을 높이는 것 자체가 정말 최종적인 목표인가? 진정한 목표는 회사의 이익을 늘리는 것 아니겠는가?

회사의 이익이 늘어났지만, 시장점유율은 높아질 수도 있고 전과 같을 수도 있고 또는 낮아질 수도 있을 것이다. 회사의 이익을 늘리는 노력을 해서 시장점유율이 높아졌다면, 시장점유율이라는 측면에서는 결과적으로 상대가 패하게 된다. 하지만 이는 나의 승패사고에서 나온 결과는 아니다. 그리고 회사의 이익 측면에서는 상대도 영업이익을 늘렸을 수 있으므로 상대가 반드시 패한 것이라고 볼 수도 없다.

시험에서 1등을 하고자 하는 것은 승패사고에 따른 목표이지만, 이번 학기의 평균 점수를 95점 이상으로 하겠다는 것은 승승사고에 따른 목표다. 스포츠에서도 마찬가지다. 모든 종목이 경쟁 상대가 꼭 잘못해야 자신의 성적이 좋아지는 것은 아니다. 물론 심리적 요인이 있겠지만, 자신이 좋은 성적을 올려서 1등을 하는 것이지 남을 이겨서 1등을 하는 것이 아닌 경우가 많다. 승승사고에 기반을 둔 것이다.

목표와 관련된 현재 및 미래의 상황 파악 '회사 이익의 증대'가 목표라면 회사 이익의 현재 상황이 어떠하고, 어떤 요인들이 작용해서 그러한 결과가 나왔으며, 그대로 두었을 때 어떻게 될 것인가를 예측해본다.

가능한 대안들의 검토 목표를 달성하는 데 필요한 대안을 가능한 한 많이 찾는다. 상황을 검토하면서 찾아진 요인들을 개선하여 영업이익을 늘릴 수 있는 대안을 찾되, 상상력을 동원해 가능한 한 많은 대안을 찾아 모두 나열해본다.

방안의 선택 및 세부 실행 방안 수립 대안들을 비교, 검토하여 가장 효과적인 방안을 선택하고 세부 실행 방안을 수립한다. 대안들을 비교, 검토할 때 각 대안에 대한 경쟁 상대의 대응이 어떠할 것인가를 일차적으로 예상해보고 승패사고에 따른 대안들은 제외해야 한다.

예상되는 반응의 검토 및 마무리 방안의 수립 선택한 방안을 실행했을 때 경쟁 상대가 어떻게 반응할지를 예상하고 그 영향을 예측해본다. 상대의 예상되는 반응이 승패사고에 따른 것이라고 판단되면, 자신의 방안이 승패사고에 따른 것이 아닌지를 한 번 더 진지하게 검토해야 한다. 경쟁 당사자들이 서로 승패사고에 따라 경쟁을 벌이면 결국은 패-패를 초래할 수밖에 없기 때문이다. 이러한 결과가 예상될 때에는 '가능한 대안들의 검토' 작업부터 다시 시작해야 한다. 인간사회는 떡을 크게 만들 가능성을 풍부히 지니고 있다는 풍요정신을 발휘해 승-승을 가져올 수 있는 대안을 다시 찾는다.

끝으로 이와 같은 계획을 실행하는 과정에서 승—승 이외의 결과가 초래되지는 않는지를 살핀다. 특히 상대가 승패사고로 반응하지 않는지를 예의 주시하면서 필요에 따라 승—승을 위한 조치를 취해야 한다.

모두 이기는 협상을 위하여³

협상의 네 단계

앞의 '승승사고를 어떻게 실행할 것인가'에서는 협상negotiation의 과정이 없이 경쟁이 진행되는 상황을 상정했다. 그러나 실제로는 많은 경우 경쟁 과정에는 협상이 있게 마련이다. 협상은 경쟁 당사자들이 접촉해 서로의 관심interest을 충족시키고, 각자가 필요로 하고 원하는 것을 주고받는 과정이다. 협상은 크게 준비preparation, 흥정bargaining, 합의agreement, 후속follow-up의 네 단계에 걸쳐서 진행된다.

준비

준비 단계에서의 준비는 협상 성패의 절반 이상을 좌우한다. 따라서 승승사고에 기반을 두고 충분한 시간을 가지고 정보를 풍부히 수집하여 효과적인 전략을 준비해야 한다.

준비 단계에서 만드는 협상 계획에는 협상 대표, 협상 상대, 협상 내용, 협상 전술, 협상 일정, 협상 무대, 협상 사무, B 계획Plan B 등이 포함되어야 한다.

- **협상 대표**: 가능한 한 단일 대표보다는 복수 대표가 좋다.
- **협상 상대**: 상대 대표(들)에 대한 충분한 정보를 수집하는 것이 중요하다.
- **협상 내용**: 목표, 상황, 예상 반응, 대응 방안 등이 포함된다.

  목표: 협상에서 합의를 이끌어내고자 하는 사항이다. 자사가 진정으로 원하는 것과 상대에게 제공할 반대급부를 포함해야 하는데, 무엇보다도 승승사고에 따라 만들어져야 한다. 예컨대 자사 제품의 판매량을 늘려 영업이익을 높이기 위해 제품 가격을 10퍼센트 인하하고, A사의 중간재 납품 가격을 10퍼센트 인하하는 것을 협상의 목표로 한다고 하자. 이는 자사와 A사 모두의 판매량과 영업이익 증대(이것이 반대급부다)로 연결되므로 승-승을 가져올 것이다. 그러나 자사의 제품 가격은 인하하지 않고 중간재 가격만 인하하려고 한다면 어떻게 될까? 이는 중간재와 자사 제품의 품질 저하를 불러 자사와 A사 모두 영업이익이 줄어드는 패-패를 가져올 것이다. 아울러, 목표를 세울 때에는 흥정 초기에 제시할 최선의 목표와 더는 물러설 수 없는 최악의 목표가 함께 준비되어야 한다.

상황: 목표와 관련된 현재 및 미래의 상황을 말한다.

예상 반응: 자사 제안에 대한 상대의 반응을 예상해보는 것이다. 이는 협상 상대에 대하여 정보를 철저히 수집하여 상대방이 진정으로 원하는 것이 무엇인가를 알아야 가능할 것이다.

대응 방안: 상대의 반응에 대해 자사가 어떻게 대응할 것인가를 말한다. 상대방의 반응에 대하여 설득할 방안, 추가로 제공할 유인들 그리고 상대방이 제공할 수 있는 유인들이 포함되어야 한다.

- **협상 전술**: 다음의 '흥정'에서 상술한다.
- **협상 일정**: 협상 각 단계의 기간 및 일시 등을 포함한다.
- **협상 무대**: 흥정을 진행할 장소와 좌석배치 등을 포함한다.
- **협상 사무**: 협상 무대 준비, 협상 기록 유지, 합의문 작성 및 발표, 흥정 단계에서 발생하는 비용 부담 등이 포함된다.
- **B 계획**: 협상이 실패했을 경우를 대비한 계획이다. 일정 기간 후에 재협상할 것인가, 다른 상대와 협상할 것인가, 법정으로 가져갈 것인가 등을 검토하고 각각의 경우에 대하여 세워둔 계획이다. 만일의 경우에 대비하고, 협상 대표들에게 안정감을 주며, 불리한 협상을 막기 위해서 반드시 B 계획이 마련되어야 한다.

흥정

준비가 되면 흥정이 시작된다. 양측의 협상 대표들이 면담, 전화 또는 이메일을 통해 접촉하여 협상 목표에 대해 협의한다.

흥정은 무엇보다도 승승사고에 따라 진행되어야 한다. 협상 대표는 승승사고에 따른 협조적 협상가가 되어야 한다. 자신의 승을 위해 원하는 것을 요구하고 받아들일 수 없는 것을 거부하며 어떤 경우에도 느낌을 말하는 용기를 가져야 하고, 상대의 승을 위해 상대에게 질문하고 상대의 말을 경청하며 상대의 느낌을 인정하는 배려를 해야 한다.

물론 협상 대표는 단기적으로는 회피적인 협상가, 순응적인 협상가, 경쟁적인 협상가, 타협적인 협상가가 될 수도 있다. 그러나 승승사고를 바탕으로 더욱 노력하면 종국적으로는 모두 협조적 협상가가 될 수 있음을 협상 대표는 잊지 말아야 한다. 흥정 과정에서 협조적 협상가에게 요구되는 사항들을 키워드로 짚어보면 다음과 같다.

- **자세**: 흥정은 게임이다. 긍정적, 적극적, 객관적 자세로 임하고 집요한 마음으로 끝까지 즐겨라.
- **편견**: 사물을 객관적으로 보도록 노력하라. 상대가 자신의 생각과 다른 제안을 제시하면, 자신의 발상구도를 벗어나 상대의 발상구도로 들어가서 그 이유를 알아내라. 그런 다음 자신의 발상구도와 상대의 발상구도를 비교해보라.
- **설득**: 사실, 통계, 선례 등을 동원해 논리적으로 설명하고 비전, 관심,

존중 등을 동원해 열정적으로 호소하라.

- **파워**: 상대에 비해 힘이 약하다고 생각하지 말라. 상대의 과시에 넘어가지 말라.

- **인상**: 단정한 복장, 따뜻한 인사, 순서를 양보하는 태도 등으로 마음이 따뜻하고 사려가 깊으며 전문성이 있다는 인상을 주라.

- **구두 언어**: 의사를 분명하게 표시하라. 방언, 약어 또는 특수용어의 사용을 최소화하라. 자신의 전문성을 암암리에 과시하는 것은 어느 정도 도움이 된다.

- **신체 언어**: 아름다운 표정, 부드러운 몸짓, 따뜻한 시선 등을 의사표시에 이용하라.

- **침묵**: 때로는 침묵을 이용하라. 상대의 침묵에 대해서는 같은 제안을 한 번 반복하는 정도에 그치고 서류를 뒤적이면서 기다려라.

- **경청**: 상대의 말을 끝까지 경청하라. 상대의 발상구도로 들어가서 이해한 뒤 다시 자신의 발상구도로 돌아오라. 필요할 때에는 언제든지 질문하라. 이해하는 척했다가는 원하지 않는 것에 합의하게 된다.

- **시간**: 시간에 쫓기지 말라. 다만 상대를 압박하기 위해 시간에 쫓기는 것처럼 보이게 할 수는 있다. 상대가 그러면 더 느긋하게 대하라.

- **과열**: 흥정에 너무 열을 올리지 말라. 상대의 요구가 커진다.

- **사례**: 작고 쉬운 것부터 합의하고 성공의 계기로 삼으라.

- **범위**: 첫 제안과 그 반대 제안의 범위 내에서 흥정하라.

- **압박**: 경쟁자가 있다는 사실을 상대에게 암암리에 상기시키라.

- **회피**: 흥정에서 자신의 재량권이 어느 정도 한정적이라는 자세로 임하라. 상대의 압력을 부드럽게 피할 수 있다.
- **양보**: 적당한 크기의 양보에서 시작해 조금씩 폭을 줄이면서 양보를 보태가라. 양보를 할 때에는 반대급부를 받으라. 일방적인 양보는 불가피할 경우 한 번만 하라. 상대의 양보에 대해서는 이면을 확인하라.
- **실수**: 실수했을 때 신뢰와 확신을 회복하도록 최선을 다하라.
- **감정**: 화를 내기로 결정했을 때에만 화를 내라. 상대가 화를 낼 때에는 그가 무엇으로 위협받고 있는가를 생각해보라.
- **공포**: 흥정 과정에서 공포심을 가지지 말라. 최악의 경우에는 걸어나가면 된다고 생각하라.
- **매몰비용**: 나중에 후회할 것은 절대 받아들이지 말라. 지나간 노력은 매몰비용이다. "나쁜 거래보다 없는 거래가 더 낫다."
- **집요**: 흥정은 노NO로 시작한다. NO를 시작으로 받아들이고 약간 수정해 반대제안을 하라. NO를 예스YES로 바꿀 수 있다.
- **궁지**: 흥정이 벽에 부닥쳤을 때에는 간과한 대안들을 찾아보고, 작은 양보를 내놓으면서 상대의 양보도 요구하고, 협상의 환경을 바꾸어보고, 새로운 데드라인을 정하고, 한 번 더 동의를 구하고, 중재자를 개입시켜보기도 하라.
- **최후통첩**: 최후통첩은 그야말로 불가피할 때, 진정성을 가지고 이유를 설명하면서 부드러운 모양새로 내놓으라.
- **친근**: 비공식적으로 접촉할 기회를 먼저 제안하라.

- **부정적 협상 행태**: 너무 많은 논거를 제시하지 말라. 자신의 제안을 너무 미화하지 말라. 확신하되 과신하지 말라.
- **메모**: 흥정 도중에 메모를 하라.

합의와 후속

어려운 흥정의 과정이 끝나고 합의가 이루어지면, 그동안의 기록들을 바탕으로 합의문이 만들어진다. 합의문 초안은 될 수 있으면 상대에게 맡기지 말고 자사에서 작성하는 것이 좋다. 합의문에서는 누가, 무엇을, 언제, 어디서, 어떻게 할 것인가 그리고 실행 과정을 어떻게 모니터할 것인가를 분명히 밝혀야 한다.

흥정에서 합의가 이루어진 뒤 최종 합의문에 서명하기 전에 2가지 일이 있을 수 있다. 하나는 어느 한쪽이 흥정 결과에 비교적 가벼운 내용을 추가할 것을 제안하는 덤이고, 다른 하나는 승—승의 방안이 뒤늦게 발견되어 추가로 합의하는 합의 후 합의PSS다.

합의문이 체결되고 나면 이제 마지막 후속 단계로 들어가서, 합의문에 포함된 점검 방안 등에 따라 실행에 돌입할 수 있다. 넓은 의미에서는 합의 내용이 완전히 실행되는 시점에 협상의 전 과정이 끝난다.

승승사고를 가지는 9가지 팁

1 몫을 크게 하기 위해 떡을 크게 만들라.

2 승패사고는 패-패를 가져옴을 명심하라.

3 승승사고를 위해 풍요정신을 가지라.

4 자신의 승을 위한 용기와 상대의 승을 위한 배려를 가지라.

5 당면 과제에 대해 목표, 상황, 대안들, 세부 실행 방안, 예상 반응 및 마무리 방안을 포함하는 승승실행 계획을 만들라.

6 승승실행 계획을 성공적으로 실행하기 위해 상대를 항상 주시하라.

7 성공적 승승협상을 위해 대표, 상대, 내용, 전술, 일정, 무대, 사무, B 계획 등을 포함하는 승승협상 계획을 만들라.

8 승승협상을 위해 자신과 상대에 관한 정보를 최대한 수집 · 분석하라.

9 승승협상의 성공을 위한 협상 자세들을 체득하라.

인내

대학발전기금의 모금 실적에서 타의 추종을 불허하는 미국의 하버드대학교는 5대 모금 원칙을 가지고 있다. 동기motive, 계획plan, 추진drive, 인내perseverance 그리고 인정recognition이다. 그중에서도 이들이 가장 중요하게 생각하는 것이 인내다. 다각적이고 객관적인 검토 끝에 선정된 교섭 대상이라 해도 몇 번의 노력으로 성사가 되는 경우는 좀체 없으며, 다각적 검토 끝에 선정된 대상이기에 중도에 포기하지 않고 끝까지 노력하면 성사되지 않는 경우도 없다는 것이 그들의 설명이다.

인생의 다른 일들도 마찬가지다. 한편으로는 인내를 요구하지 않는 일이 없지만, 다른 한편으로는 인내해서 이루지 못할 일도 없다. 인내는 모든 일에서 성사를 위한 필요충분조건이라고 할 수 있다. 그러나 문제는 인내가 쉬운 일이 아니라는 점이다.

어떤 일이든 금방 성사되는 손쉬운 일은 없기에 일을 하다 보면 점점 더 많은 어려움이 생기기 마련이다. 그러다 보면 일을 시작한 지 얼마 안 되어 금방 포기의 유혹에 사로잡힌다. 어떻게 하면 이러한 유혹을 이겨낼 수 있을까?

인내의 가장 핵심적인 동력은 일의 결과에 대한 확신이다. 모든 일을 자신의 비전, 특히 사명과 가치에 비추어보고, 일의 끝을 내다본다. 그리고 가까운 사람들의 조언도 경청해 심사숙고한 끝에 일을 시작한다. 그렇게 노력을 기울인 후에는 끝까지 최선을 다하면 반드시 이루어진다는 확신을 가질 수 있고, 그 확신이 인내를 발동케 한다. 일을 해나가는 과정에서 포기의 유혹이 생길 때마다 이번의 유혹만 넘기면 찬란한 성과에 한 걸음 더 다가간다는 확신을 불러일으키는 것도 포기의 유혹을 이기는 하나의 방법이다.

고도의 인내가 필요한 것은 대인관계에서도 마찬가지다. 어떤 이유에서든, 또 누구에게든 다른 사람에게 화를 내는 것은 바람직하지 않다. 여기에도 고도의 인내가 필요한데, 역시나 쉬운 일이 아니다. 누군가에게 화가 날 때에는 '잠깐 멈추고' 자신이 정말 화를 내기로 결심했는가를 다시 생각해보는 습관을 기르자. 인내는 아름다운 삶의 필요충분조건임을 항상 기억하자.

지식사회에서 성공하기 위한 다짐

9가지 지혜와 우리의 삶

KNOWLEDGE FOR INNOVATION

"행동은 모든 성공의
기초가 되는 열쇠다."

파블로 피카소●

● Pablo Picasso(1881~1973). 스페인의 화가로 20세기 가장 위대하고 영향력 있는
미술가 중 한 사람이다. 조지 브레이크Georges Braque와 더불어 입체파의 창시자이
며, 근 80년 동안 20세기 근대 미술의 발전과 함께하는 창작활동을 했다. 그는
"내가 군인이 된다면 장군이 될 것이고 성직자가 된다면 교황이 될 것이라고 엄
마가 나에게 말했지만, 나는 화가가 되었고 피카소로서 끝나게 되었다"라고 회
고한 바 있다.

지식사회 지혜모형을 구성하는 요소들

'지혜 1: 비전을 세우라'에서는 성공적인 삶을 위해서는 무엇보다도 비전을 정립하는 것이 필요함을 설명했다. 그리고 지식사회에서는 비전의 실현을 위해 혁신지식이 요구된다. 혁신지식을 위해서는 다시 정보력과 창의력이 필수적으로 요구된다. '지혜 2: 바이링구얼이 되라'와 '지혜 3: 컴퓨터를 사랑하라'에서는 정보력을 갖추기 위해서는 누구나 바이링구얼이 되어야 하고 컴퓨터를 사랑해야 함을 역설했다. '지혜 4: 시계열로 보라'와 '지혜 5: 횡단면으로 보라'에서는 점진적 창의력을 발휘하기 위해서는 시계열접근과 횡단면접근을 시도해야 하고, '지혜 6: 역발상을 도모하라'에서는 급진적 창의력을 발휘하기 위해서는 역발상을 도모해야 함을 이야기했다.

지식사회에서는 정보력과 창의력이 개인의 힘만으로는 불충분하고 모든 사람과 협력해야만 충분히 확보할 수 있다. 그래서 '지혜 7: 시너지를 추구하라'에서는 비경쟁적 대등관계에서 시너지, '지혜 8: 코칭 파트너가 되라'에서는 상하관계에서 코칭 파트너십, '지혜 9:

승승사고를 가지라' 에서는 경쟁적 대등관계에서 승승사고가 필요함을 강조했다.

이상 9가지 지혜의 상호 관계를 정리한 것이 〈그림 8〉이다. 이를 '지식사회 지혜모형' 이라 하자.

모형에서 보는 바와 같이, 성공적인 삶을 위해서는 무엇보다도 비전을 세워야 한다(지혜 1). 그리고 이러한 비전을 실현해 지식사회에서 성공하고자 한다면 한편으로는 영어(지혜 2)와 컴퓨터(지혜 3)를 통달함으로써 정보력을 확보해야 하고, 다른 한편으로는 시계열접근

그림 8 ▮ 지식사회 지혜모형

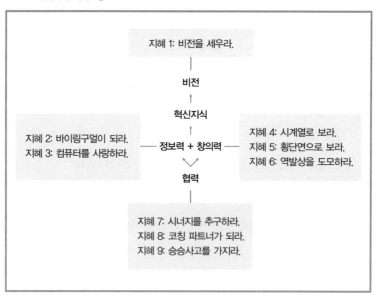

(지혜 4), 횡단면접근(지혜 5) 그리고 역발상(지혜 6)을 통해 창의력을 발휘해야 한다. 지식사회가 요구하는 정보력과 창의력은 시너지의 추구(지혜 7), 코칭 파트너십의 확립(지혜 8) 그리고 승승사고의 확립(지혜 9)을 통해 협력을 강화함으로써만 확보될 수 있다.

지금까지 살펴본 9가지 지혜의 상호 관계와 관련하여 몇 가지 추가적인 인식이 필요하다.

비전과 도구

앞서 우리는 어떤 인류사회든 성공하려면 비전을 세우는 지혜가 필요함을 보았다. 그리고 지식사회에서의 성공을 위해서는 우선 정보력이 있어야 하고, 정보력을 갖추기 위해서는 대표적 도구인 국제어와 컴퓨터에 능통하는 지혜가 있어야 함을 보았다.

비전과 도구는 매우 대조적이면서 상호의존적이다. 비전은 자신의 인생을 멀리 끝까지 내다보고 평생 이 세상에서 어떠한 사명을 어떠한 가치를 지키면서 어떠한 계획으로 수행할 것인가를 구상하고 결심하는 것이다. 이에 비해 도구는 정보와 소통을 위해 국제어(영어)와 컴퓨터를 숙달하는 것을 말한다. 어떻게 보면 비전은 매우 고차원적이고 다소 추상적이며, 도구는 다소 저차원적이고 매우 구체적인 것으로 여겨진다. 바꾸어 말하자면, 비전은 매우 중요한 것으로 보이고 도구는 다소 사소한 것으로 보일지도 모른다.

그러나 사실은 그렇지가 않다. 양자는 모두 똑같이 중요하다. 서로가 의존적이기 때문이다. 비전은 있되 도구를 가지고 있지 못하다면 비전을 제대로 실현할 수 없게 되고, 도구는 잘 갖추고 있되 비전이 없다면 도구를 올바로 사용할 수 없게 된다. 비전은 있되 도구를 갖추지 못한 사람은 눈을 하늘의 별로만 향하고 발을 땅에 붙이지 못한 것이나 다름없으며, 도구는 갖추었으되 비전을 가지지 못한 사람은 발을 땅에 붙이고만 있고 눈을 들어 하늘의 별을 쳐다보지 못하는 것이나 다름없다.

인류사회라면 어디에서든 성공적인 삶을 위해서는 비전과 도구가 똑같이 중요하고 필요하다. 비전은 인류사회의 변천에 따라 달라지는 것은 아니다. 특히 인간이 인식하는 사명 그리고 인간이 지키고자 하는 가치는 인류사회라면 어디든 마찬가지다. 다만 계획은 그때그때 달라질 수 있을 것이다. 따라서 가치를 지키면서 사명을 성공적으로 수행하기 위한 계획을 세우려면 현재 인류사회의 특성을 잘 이해해야 한다. 그런 까닭에 앞에서 인류사회의 변천과 지식사회의 특징을 살펴본 것이다.

성공적인 삶을 위해 인간에게 요구되는 도구는 실로 다양하며, 도구의 상대적 중요도는 인류사회의 변천에 따라 바뀌어왔다. 오늘날의 지식사회에서는 다른 어느 때보다 정보의 활용이 기본적인 경쟁력의 원천이 되고 있다. 따라서 정보를 효과적으로 활용하는 데 가장 기본적으로 요구되는 국제어(영어)와 컴퓨터의 숙달 방법을 살펴보았다.

창의력

다음으로, 창의력을 위한 세 가지 지혜 간의 관계를 정리하면 〈그림 9〉와 같다. 이 3가지 지혜의 관계와 관련하여 적어도 2가지를 추가로 인식해야 한다.

첫째, 앞에서는 언급하지 않았지만 사실 점진적 혁신을 모색할 때 시계열접근과 횡단면접근을 병행하는 것이 훨씬 더 효과적이다. 혁신하고자 하는 기술/절차의 시계열자료와 횡단면자료 양쪽을 동시에 봄으로써 더욱 효과적인 점진적 혁신 방안을 찾을 수 있다. 가능하다면 두 접근을 병행할 것을 권장한다.

둘째, 나는 앞에서 시계열접근과 횡단면접근으로 만족할 만한 결과를 얻을 수 없을 때에는 역발상을 도모해야 한다고 말했다. 그런데

그림 9 | **창의력**

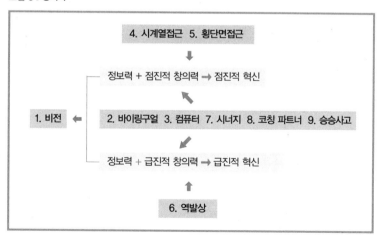

이를 더 정확하게 말하면, 시계열접근과 횡단면접근은 사실상 일상적으로 진행해야 한다는 것이다. 즉, 자신이 하고 있는 일에 대해 한편으로는 그 일이 시간의 흐름에 따라 어떠한 방식으로 진행되어왔는가를 항상 파악하고, 다른 한편으로는 다른 경쟁 주체들이 그 일을 어떠한 방식으로 진행하고 있는가를 항상 파악해야 한다는 의미다. 그럼으로써 조금이라도 더 나은 방법으로 그 일을 진행할 수 있도록 해야 한다. 바꾸어 말하면, 시계열접근과 횡단면접근을 통한 점진적 혁신은 일상적인 일이 되어야 한다는 것이다.

그러나 역발상을 도모해 급진적 혁신을 추구하는 것은 평소에 추진할 수 있는 일은 아니다. 역발상에 따른 급진적 혁신은 방안을 찾는 것도 그렇게 쉬운 일이 아니거니와, 방안이 나왔을 때 그것을 실제로 채택하기 위해서는 그에 따르는 비용과 편익을 계산하는 등의 과정을 거쳐야 하기 때문이다. 그러나 그렇다고 해서 급진적 혁신을 게을리해도 된다는 말은 아니다. 경쟁자들이 역발상에 의한 급진적 혁신을 앞질러 할 수 있기 때문이다. 따라서 역발상에 의한 급진적 혁신을 정기적으로 시도해보는 것이 바람직하다고 볼 수 있다. 자신이 하고 있는 일에 대해 역발상에 의한 급진적 혁신이 가능한지를, 예컨대 3년마다 정기적으로 검토하는 것이 바람직하다고 본다.

협력

협력을 위한 3가지 지혜 간의 관계를 정리하면, 〈그림 10〉과 같다. 이와 관련해서도 2가지 점에 유의할 필요가 있다.

첫째, 시너지의 추구와 승승사고는 우선 각각에서 얻어지는 성과의 배분 방식이 다르다는 점이다. 시너지의 추구에서 얻어지는 성과는 협력 참여자들이 공유하는 것임에 비해, 승승사고에서 얻어지는 성과는 처음부터 협력 참여자들이 각각 소유한다. 예컨대 부부가 협력해 얻은 가정의 행복이라는 시너지는 부부가 공유하는 것이지 서로 쪼개서 가지는 것이 아니다. 하지만 경쟁자들이 가격을 낮춤으로써 판매량이 증대하여 양쪽의 영업이익이 전보다 늘어나는 것은 처음부터 협력의 결과를 양쪽이 쪼개서 가지는 것이다.

시너지의 성과가 자신에게 직접 배분되지 않는다고 해서 시너지의 추구를 조금이라도 소홀히 해서는 안 된다. 시너지의 성과도 간접적, 우회적 또는 종국적으로 나에게 배분되는 것이 일반적이기 때문이다.

둘째, 동급관계와 수요관계 그리고 공급관계에서는 시너지의 추구와 승승사고가 상호의존적이라는 점이다. 이들 관계에서는 비경쟁적인 업무 측면 또는 수량 측면에서의 시너지 추구와 경쟁적인 보상 측면 또는 가격 측면에서의 승승사고가 함께 이루어져야만 한다.

먼저, 동급관계에서는 승승사고가 있어야 시너지를 추구할 수 있

그림 10 | 협력

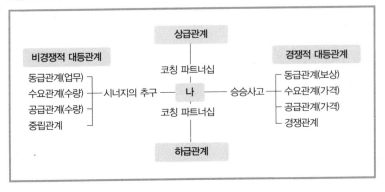

다. 예컨대 A가 동급자인 B보다 급여를 더 많이 받고자 한다면(승승사고가 없다면), A는 B가 하는 일에 협조하지 않을 것이다(B와 시너지를 추구하지 않을 것이다). 또한 동급관계에서는 시너지가 추구되어야 승승사고가 있을 수 있다. 예컨대 A가 B와 함께 열심히 일해서 전체의 성과를 크게 할 생각이 없다면, A는 자신의 급여와 함께 B의 급여도 올라가기를 바랄 수가 없을 것이다. 결국 동급관계에서는 시너지의 추구와 승승사고가 함께 도모되어야 한다는 얘기다. 수요관계와 공급관계에서의 시너지 추구와 승승사고 간의 관계에 대해서는 독자가 스스로 검토해보기 바란다.

그러므로 동급관계, 수요관계 그리고 공급관계에서는 시너지의 추구와 승승사고를 병행해야만 한다. 그러나 중립관계에서의 협력을 위해서는 시너지가 추구되면 충분하고, 경쟁관계에서의 협력을 위해서는 승승사고를 가지면 충분하다.

팀워크

앞서 '어떻게 대응할 것인가'를 통해 지식사회에서는 과정 중심의 팀워크가 기본적인 경쟁 방식이 됨을 설명했다. 과제에 따라 적절한 능력의 구성원들이 적정 규모의 팀을 이루어, 정보를 풍부히 수집하고 정확하게 분석하고 원활하게 교환하여 지식을 공유하고 활용하면서 경쟁해나가야 한다고 강조했다.

여기서 우리는 어떤 팀의 모든 팀원이 시너지의 추구, 코칭 파트너십 그리고 승승사고로 무장한다면 그 팀의 경쟁력은 그야말로 막강할 것임을 알 수 있다. 모든 팀원이 동급관계와 수요관계 그리고 공급관계에서는 시너지의 추구와 승승사고를 병행하고, 중립관계에서는 시너지를 추구하고, 상하관계에서는 코칭 파트너십을 실행하며, 경쟁관계에서는 승승사고를 발휘한다면 그 팀이야말로 실로 막강한 팀이 될 것이다.

지식사회 지혜모형은 국가 발전에 어떻게 기여하는가

한국 경제의 현실

나는 지식사회 지혜모형이 국가 발전에 대해서도 시사하는 바가 크다고 본다. 만약 한국의 청장년(20~50대) 대부분이 이 지혜모형에 따라 경쟁력을 갖추고 행동한다면, 머지않은 장래에 우리나라가 진정한 의미에서 선진국으로 발전할 것이라고 확신한다.

한국은 산업화를 선도한 영국보다 200여 년이 늦은 1960년대 초엽에 산업화를 시작해 영국보다 140여 년이 늦은 1970년대 초엽에 산업사회로 진입했다. 그리고 정보화를 선도한 미국보다 40여 년이 늦은 1980년대 초엽에 정보화를 시작해 현재 정보화를 활발하게 진행하고 있다.

2008~2012년 평균 1인당 국내총생산(이하 1인당 국민소득)이 3만 5천 달러 이상인 국가를 선진국, 3만 5천 달러 미만부터 1만 달러 이상인 국가를 중진국, 1만 달러 미만인 국가를 후진국으로 나누었을 때, 전 세계 186개국 중 선진국은 20개국(4개 산유국 제외), 중진국은 30개국(7개 산유국 제외) 그리고 후진국은 125개국이다. 그중 한국은 1인당 국민소득이 2만 301달러로 중진국 중 12위를 차지하고 있다.

주위를 둘러보면 한국이 마치 선진국권에 진입한 것으로 착각하는 경우가 많음을 발견하게 된다. 그러나 선진국은 '모든 사람에게 최소한의 인간적인 삶이 보장되고 누구나 능력과 노력에 따라 더욱 풍요롭고 쾌적한 삶을 누릴 수 있는 사회'를 말한다. 2008~2012년 평균으로 볼 때 1인당 국민소득이 3만 5천 달러가 넘는 국가들이 대체로 이러한 기준을 충족하는 것으로 보인다. 이 기준을 적용하면 한국은 1인당 국민소득이 선진국 최소 수준의 60퍼센트 정도에 지나지 않는다.

선진화의 전망

한국의 1인당 국민소득은 2008~2012년 평균 연간 2.9퍼센트의 실질성장률(이하 성장률)을 보였다. 이는 1983~1987년 평균 10.8퍼센트, 1988~1992년 평균 8.6퍼센트, 1993~1997년 평균 7.1퍼센트, 1998~2002년 평균 5.0퍼센트, 2003~2007년 평균 4.3퍼센트 등에 이어 계속 낮아진 수준이다. 앞으로 3퍼센트의 성장률이 계속된다면 지금부터 20년 뒤인 2033년에야 1인당 국민소득이 3만 5,070달러에 이르러 선진국권에 턱걸이를 할 수 있다.

2008~2012년 평균으로 볼 때 50개 선진국과 중진국은 대부분이 -1.0~3.0퍼센트의 성장률을 보였다. 그러나 싱가포르는 1인당 국민소득이 4만 5,891달러임에도 4.8퍼센트의 높은 성장률을 보였고, 이스라엘은 1인당 국민소득이 3만 1,570달러이지만 3.9퍼센트의 높은 성장률을 기록했다.

1990년대 후반부터 한국의 성장률이 급락하고 있는 것은 그동안의 '중진화를 위한 성장동력'이 소진된 반면, '선진화를 위한 새로운 성장동력'이 만들어지지 않았기 때문이다. 한국이 중진화에 성공한 것은 정부 주도의 외국 자본 도입과 기술 도입, 전통적 교육열에 의한 국민의 습득력 제고, 정부 주도의 국민운동을 통한 국민의 근면성 강화, 값싸고 풍부한 노동력 등에 기반한 정부 주도의 수출 진흥 그리고 정부 주도의 강력한 수입 통제 등으로 성장동력을 만들었기 때문이다. 무엇보다도 국민의 높은 습득력과 근면성이 외국 자본 및 기술과 결합하여 값싼 수출 상품을 만들 수 있었기 때문이었다.

그러나 이제 이들 성장동력은 모두 소진되었다. 첫째, 그동안 이뤄온 성장으로 국민소득이 높아졌고, 그 결과 노동력도 비싸졌다. 그래서 과거처럼 값싸게 수출할 수 없게 되고 비싼 값을 매겨 세계 시장에 내놓아야 하게 되었다. 비싼 값을 받아야 하므로 외국이 개발한 기술에 의존해서는 안 되는 상황이 되었다. 즉, 이제는 우리가 기술을 개발하여 외국보다 더 좋은 상품을 만들어야 하게 되었다. 기술개발을 뒷받침하기 위해서는 지금까지의 국민의 습득력이 정보력과 창의력으로 승화되어야 한다.

둘째, 현재의 지식사회에서는 국민의 근면성만 가지고는 경쟁력에서 앞서 갈 수 없게 되었다. 혁신 지식을 위한 정보력과 창의력이 협력에 의해서 뒷받침되어야 한다. 국민의 근면성이 협력 강화로 승화되어야 한다.

셋째, 이제 국제 경제 환경은 국내 자본의 해외 이동을 정부가 막을 수 없게 하고 있다. 이에 따라 정부 주도의 외국 자본 도입이 자본의 국내외 이동을 자유롭게 하는 기업 주도의 자본 자유화로 바뀌었다. 그러나 그동안의 경제 발전으로 우리의 자본 축적 수준은 자본 자유화를 감당할 수 있는 수준이 되었다.

넷째, 정부 주도의 일방적 수출 진흥 정책을 펼 수 없는 국제 경제 환경이 되었다. 정부 주도의 수출 진흥이 수출과 수입을 병행하는 기업 주도의 개방화로 바뀌었다. 이는 국민의 높은 정보력과 창의력,

그리고 협력으로 값비싼 수출을 실현함으로써 감당해야 한다.

결국 국민의 습득력과 근면성을 근간으로 했던 종래의 성장동력이 정보력, 창의력, 그리고 협력을 근간으로 하는 새로운 성장동력으로 승화되어야 한다. 정보력 확보와 창의력 제고와 협력 강화, 이들 이야말로 우리 지식사회 지혜모형이 이루고자 하는 핵심 과제다. 오늘날 한국의 청장년층 대부분이 이 지혜모형으로 무장한다면, 한국의 선진화는 머지않아 손쉽게 이루어질 것이다.

감사

"또 하나 나의 습관이 있다면 항상 감사하는 마음을 가지는 일이다. 나에게 일어나는 모든 일에 대해 나는 그것을 항상 감사하는 마음으로 받아들이고 있다. 행복한 일이 닥쳤을 때에는 물론이고, 어려운 일이 닥치더라도 그것은 나의 능력을 길러주기 위한 것으로 생각하고 감사하게 받아들여서 최선을 다하기로 한다. 사실 잘 생각해보면 세상에는 우리가 감사하게 생각해야 할 일이 참으로 많은 것이다."(〈대학문화신문〉, 1999년 11월 4일 자)

우리에게 일어나는 모든 일에 대해 감사하게 생각해야 하는 이유는 간단하다. 그것을 저주하면 인생이 불행해지고, 감사하게 받아들이면 인생이 행복해지기 때문이다. 어려운 일에 부닥쳤을 때 그것이 이성적 능력을 길러주기 위한 것이라 생각한다면, 이를 감사하게 받아들여서 이성적 능력을 키우는 계기로 삼을 수 있다. 그리고 불행한 일이 일어났을 때에도 감성적 능력을 길러주기 위한 것으로 생각한다면, 이를 감사하게 받아들여서 감성적 능력을 키우는 계기로 삼을 수 있다.

그게 말처럼 쉬운 일은 아니지만, 그 일이 가능해지도록 평소에 크고 작은 일들에 대해 항상 말로 감사를 표현하는 습관을 길러야 한다. 그러다 보면 매사에 감사하는 마음가짐이 되어서 어려운 일, 불행한 일도 감사하게 받아들일 수 있다.

서양에서는 아기가 태어나 '엄마' , '아빠' 다음에 배우는 말이 '땡큐Thank you.'라고 한다. 그리고 대부분 서양어의 감사를 표현하는 말은 발음하기 쉽고 배우기 쉽다고 한다. 감사를 표시하는 우리말의 "고맙습니다" 또는 "고마워"는 영어의 '땡큐'에 비해 일상적인 인사말로 쓰기에 좀 불편하기는 하다. 그렇지만 좀 더 공식적이기에 오히려 그 표현의 사용을 생활화하면 '감사하는 마음'을 기르는 데에 더 도움이 될 것이다. 더 어려운 단어이지만 이를 일상적으로 사용한다면 감사의 마음을 더 강하게 기를 수 있을 것이다.

지식사회에서 성공하기 위한 다짐

지식사회에서 성공하는 81가지 팁

KNOWLEDGE FOR INNOVATION

비전을 세우라

비전을 세우는 9가지 팁

1 사명, 가치 그리고 계획으로 구성되는 비전서를 만들라.

2 세상에 태어날 때 부여받은 사명을 찾아내라.

3 사명에는 사회인, 이웃 그리고 가족으로서 당신이 수행할 역할을 담으라.

4 사명을 수행할 때 지켜갈 가치를 설정하라.

5 가치는 사명을 효과적이고 올바르게 수행함을 목적으로 하라.

6 사명을 수행하기 위한 계획을 세우라.

7 계획에는 사명을 수행하는 구체적 방법, 시기별 목표 그리고 정신적 · 육체적 역량 강화 방안을 담으라.

8 비전서를 서랍에 넣어두지 말고 늘 가까이 두고, 매사를 자신의 비전에 비추어보면서 해나가라.

9 비전서를 정기적으로 업데이트하라.

지혜 2
바이링구얼이 되라

한·영 바이링구얼이 되는 9가지 팁

1 소통·정보·지식이 경쟁력의 핵심임을 명심하라.

2 효과적 소통을 위해 적극적이고 신중하며, 상대를 배려하고, 자신을 성찰하고, 기술적으로 우수한 소통을 하라.

3 한·영 바이링구얼이 됨으로써 한국인이자 국제인이 되라.

4 6년간 매일 두 시간을 영어에 바치라.

5 한·영 바이링구얼 프로젝트 팀을 구성하라: 결심, 계획, 추진, 인내, 감사를 가치로 추구하는 네 명(어드바이저 포함 다섯 명)이 6년간 주 1회 두 시간씩 만나 상호 점검하되 1년간은 한국어와 영어를 병용하고 이후에는 영어를 전용하라.

6 습득 단계(1.5년간): 온라인 또는 영어학원 프로그램을 이용하여 첫 6개월은 듣기와 말하기, 다음 6개월은 읽기와 쓰기, 나머지 6개월은 4가지 모두에 중점을 두라.

7 연습 단계(1.5년간): 매일 영어 라디오 뉴스 듣기, 녹음해서 대조해보기, 영자 신문 뉴스 읽기, 써서 대조해보기를 각각 30분씩 하라.

8 응용 단계(1.5년간): 매일 영어 라디오나 TV 청취, 녹음해서 대조해보기, 영자 신문 기사 읽기, 써서 대조해보기를 각각 30분씩 하라.

9 생활 단계(1.5년간): 매일 영어 라디오나 TV 청취, 말해보기, 영자 신문 읽기, 써보기를 각각 30분씩 하라.

컴퓨터를 사랑하라

컴퓨터를 사랑하는 9가지 팁

1 컴퓨터의 능력은 자신의 컴퓨터 이용 능력에 달려 있음을 인식하라.

2 컴퓨터의 구조와 작동 원리를 이해하라.

3 컴퓨터에 내장되는 모든 자료를 정기적으로 백업하고, 재난 대비 계획을 세워두라.

4 하드웨어의 분실 · 파손 · 시스템 실패를 방지하고, 네트워크상의 무임승차 · 컴퓨터 사보타지 · 피싱을 방지하며, 정보 프라이버시를 지키고 전자감시를 방지하는 장치를 정기적으로 업데이트하라.

5 컴퓨터로부터 육체적, 정신적 건강을 지키라.

6 디지털 분할에서 앞서 가라.

7 모든 디지털 콘텐츠의 이용에서 저작권을 존중하라.

8 컴퓨터를 이용할 때 자신에 대해 정직하고, 타인의 프라이버시를 존중하며, 인터넷상 유언비어와 디지털 조작에 편승하지 말라.

9 그린 컴퓨팅의 전도사가 되라.

시계열로 보라

시계열로 보는 9가지 팁

1 과거를 이해함으로써 현재를 파악하고 미래를 예측할 수 있음을 명심하라.

2 점진적 혁신을 위해 먼저 시계열접근을 시도하라.

3 시계열접근의 대상 기술/절차를 명확히 하고 시계열자료의 주체, 시점을 선정하라.

4 대상 기술/절차의 구성 요소들, 외부 요인들, 외부 여건 및 성과에 대한 시계열자료를 작성하라.

5 시계열자료를 중요하게 참고해 외부 여건 및 외부 요인들을 전망하고 현재의 대상 기술/절차를 평가한 후 대상 기술/절차의 혁신 방안을 도출하고 수정·보완하라.

6 시계열자료를 참고할 때 과거와 현재의 차이를 찾아내라.

7 시계열자료를 참고할 때 과거의 배경을 이해하라.

8 시계열자료를 참고할 때 과거에서 현재와 미래로 이어지는 과정을 찾아내라.

9 시계열접근에 통달하기 위해 관심 있는 역사적 사실에 대해 과거와 현재의 차이, 배경, 과정을 진지하게 공부하라.

횡단면으로 보는 9가지 팁

1 남을 파악함으로써 자신을 이해하고 자신을 개선할 수 있음을 명심하라.

2 급진적 혁신을 도모하기 전에 점진적 혁신을 위한 횡단면접근을 반드시 시도하라.

3 횡단면접근의 과제, 주체, 시점을 명확히 설정하라.

4 대상 기간 중 대상 주체들의 기술/절차에 대하여 구성 요소들, 외부 요인들, 외부 여건, 성과에 대한 횡단면자료를 깊이 있게 만들어라.

5 우리 조직의 기술/절차에 대하여 앞으로 일정 기간의 외부 여건과 외부 요인들을 전망하여 우리 조직 기술/절차의 적절성을 평가해보라.

6 경쟁 조직들의 대상 기술/절차에 긍정적으로 작용하지만 우리 조직의 기술/절차에는 중립적으로 작용하는 외부 여건, 외부 요인들 및 구성 요소들의 긍정적 작용을 도입하라.

7 경쟁 조직들의 대상 기술/절차에 긍정적으로 작용하지만 우리 조직의 기술/절차에는 부정적으로 작용하는 외부 여건, 외부 요인들 및 구성 요소들의 부정적 작용을 긍정적 작용으로 전환하라.

8 경쟁 조직들의 대상 기술/절차에 중립적으로 작용하지만 우리 조직의 기술/절차에는 부정적으로 작용하는 외부 여건, 외부 요인들 및 구성 요소들의 부정적 작용을 차단하라.

9 횡단면접근에 통달하기 위해 철학(특히 논리학)과 국제학을 진지하게 공부하라.

역발상을 도모하라

역발상을 도모하는 9가지 팁

1 급진적 혁신을 원할 때는 역발상을 도모하라.

2 주객전도의 역발상을 도모하라.

3 경중 · 취사 · 성패전도 등 선호파괴의 역발상을 도모하라.

4 구조 · 형태 · 성능재검 등 표준파괴의 역발상을 도모하라.

5 위기 · 선후 · 조만역전 등 기회창출의 역발상을 도모하라.

6 외부영입 · 대외탈출 · 내외융합 등 영역파괴의 역발상을 도모하라.

7 좋아하는 문학인, 음악인, 미술인을 선정하여 그들의 모든 작품에서 역발상을 즐기라.

8 좋아하는 스포츠 선수/팀을 선정하여 그들의 모든 경기에서 역발상을 즐기라.

9 역발상에 통달하기 위해 인문학 · 사회과학 · 이과학 중 두 분야에 걸치는 복수전공을 하라.

시너지를 추구하라

시너지를 추구하는 9가지 팁

1 처음 만나는 사람에 대해 언제나 시너지를 생각해보라.

2 동급자들과의 시너지를 정기적으로 점검하라.

3 나를 이해시키기 전에 남을 먼저 이해하라.

4 나와의 차이를 존중하라.

5 나와의 차이를 활용하라.

6 시너지를 위한 가치를 설정하라.

7 시너지의 결과를 자주 그려보라.

8 시너지를 위해 끊임없이 커뮤니케이션하라.

9 시너지를 위한 비전서를 만들고 정기적으로 업데이트하라.

코칭 파트너가 되라

코칭 파트너가 되는 9가지 팁

1 코치와 선수는 각각 지지 · 후원과 자신 · 주도로 선수의 자각 · 책임감을 만들라.

2 코치는 인정 · 기대하라.

3 코치는 질문 · 경청하라.

4 코치는 칭찬 · 격려하라.

5 선수는 집중 · 숙고하라.

6 선수는 선택 · 소유하라.

7 선수는 시도 · 지속하라.

8 상급자는 스스로 코치가 되어 코칭문화를 도입하라.

9 하급자는 자기코칭을 통해 코칭문화를 도입하라.

승승사고를 가지라

승승사고를 가지는 9가지 팁

1 몫을 크게 하기 위해 떡을 크게 만들라.

2 승패사고는 패-패를 가져옴을 명심하라.

3 승승사고를 위해 풍요정신을 가지라.

4 자신의 승을 위한 용기와 상대의 승을 위한 배려를 가지라.

5 당면 과제에 대해 목표, 상황, 대안들, 세부 실행 방안, 예상 반응 및 마무리 방안을 포함하는 승승실행 계획을 만들라.

6 승승실행 계획을 성공적으로 실행하기 위해 상대를 항상 주시하라.

7 성공적 승승협상을 위해 대표, 상대, 내용, 전술, 일정, 무대, 사무, B 계획 등을 포함하는 승승협상 계획을 만들라.

8 승승협상을 위해 자신과 상대에 관한 정보를 최대한 수집 · 분석하라.

9 승승협상의 성공을 위한 협상 자세들을 체득하라.

프롤로그: 21세기는 지식사회다

1   Morley, Deborah, *Understanding Computers in a Changing Society*, 3rd Edition, Course Technology Cengage Learning, 2009.

2   Nolan, Richard L., "Information Technology Management Since 1960," in *A Nation Transformed by Information: How Information Has Shaped the United Staes from Colonial Times to the Present*, ed. by Alfred D. Chandler and James W. Cortada, Oxford University Press, 2000; Sproull Lee, S., "Computers in U.S. Households Since 1977," in *A Nation Transformed by Information: How Information Has Shaped the United Staes from Colonial Times to the Present*, ed. by Alfred D. Chandler and James W. Cortada, Oxford University Press, 2000.

3   Nolan; Sproull.

4   Polanyi, M., *The Tacit Dimension*, London: Routledge & Kegan Paul Ltd., 1967(Burton-Jone, Alan, *Knowledge Capitalism*, New York: Oxford University Press, 1999, p. 7에서 재인용).

어떻게 대응할 것인가

1   Steger, Manfred B., *Globalization : A Very Short Introduction*, Oxford University Press, 2003; Boudreaux, Donald J., *Globalization*, Greenwood Press, 2008.

2   Cushman, Donald P. and Sarah Sanderson King, *Continuously Improving an Organization's Performance: High-Speed Management*, State University of New York Press, 1997; "The Product Life Cycle", pp. 1-4, http://www.netmba.com/marketing/product/lifecycle/; Hones, John W., *High-Speed Management: Time-based Strategies for Managers and Organizations*, Jossey-Bass Publishers, 1993.

3   Goldsmith, Marshall, "Chapter 1 The Changing Role of Leadership: Building Partnership Inside and Outside the Organization", in

Partnering: The New Face of Leadership, ed. by Larraine Segil, Marshall Goldsmith & James Belasco, American Management Association, 2003; Moxley, Russ S. and John R. Alexander, "Chapter 7 Leadership-As-Partnership" in *Partnering: The New Face of Leadership*, ed. by Larraine Segil, Marshall Goldsmith & James Belasco, American Management Association, 2003.

4 Gaughan, Patrick A., *Mergers, Acquisitions, and Corporate Restructurings*, Fifth Edition, John Wiley & Sons, Inc., 2011; Sherman, Andrew J., *Mergers and Acquisitions: From A to Z*, Third Edition, American Management Association, 2011.

5 Morley, Deborah, *Understanding Computers in a Changing Society*, Course Technology, Cengage Learning, 2009.

6 Lueke, Richard, *Harvard Business School Essentials: Managing Creativity and Innovation*, Harvard Business School Press, 2003; Sawyer, R. Keith, *Explaining Creativity: The Science of Human Innovation*, Second edition, Oxford University Press, 2012.

7 Sawyer, p. 7.

지혜 1: 비전을 세우라

1 Covey, Steven, *The 7 Habits of Highly Effective People*, Free Press, 2004, p. 95.

지혜 2: 바이링구얼이 되라

1 Dobkin, Bethami and Roger C. Pace, *Communication in a Changing World*, 2006 edition, McGraw-Hill, 2006.

2 Dobkin and Pace, p. 7.

3 Matthews, Stephen, "Ch. 1 Development and Spread of Language", *The*

Atlas of Language: The Origin and Development of Languages Throughout the World, Revised Edition, ed. by Bernard Comrie, Stephen Matthews, and Maria Polinsky, Facts On File, Inc., 2003; Blake, Barry J., *All About Language*, Oxford University Press, 2008; Finegan, Edward, *Language: Its Structure and Use*, Sixth Edition, Wadsworth: Cengage Learning, 2012; Katzner, Kenneth, *The Languages of the World*, Routledge, 1992.

4   Crystal, David, *English as a Global Language*, Second Edition, Cambridge University Press, 2003.

지혜 3: 컴퓨터를 사랑하라

1   Morley, Deborah, *Understanding Computers in a Changing Society*, Third Edition, Course Technology Cengage Learning, 2009, pp. 4–5.

2   Morley.

3   Morley.

4   Morley.

지혜 4: 시계열로 보라

1   Chatfield, Chris, *The Analysis of Time Series: An Introduction*, Sixth Edition, Chapman & Hall/CRCC, 2004.

2   Tosh, John, *The Pursuit of History: Aims, Methods and New Directions in the Study of Modern History*, Fifth Edition, Pearson Education Limited, 2010.

3   Tosh, p. 53.

4   Tosh, p. 9.

5   Tosh, p. 11.

6   Tosh, p. 11.

7   Tosh, p. 41.

지혜 5: 횡단면으로 보라

1   Erlandson, Doug, *Philosophy Basics: A Jargon-Free Guide for Beginners*, Amazon Digital Services, Inc., 2011; Chernotsky, Harry I. and Heidi Hobbs, *Crossing Borders: International Studies for the 21st Century*, Sage and CQ Press, 2013.
2   Erlandson, Location 99 of 3569.
3   Chernotsky, p. 3.

지혜 6: 역발상을 도모하라

1   Kodis, Aliis, *Paradigm Shift: Think Better, Live Better*, Kindle Edition, Amazon Digital Services, Inc., 2013.
2   Barker, Joel Arthur, *Paradigms: The Business of Discovering the Future*, Harper Business, 1993, p. 125.
3   Covey, Stephen R., *The 7 Habits of Highly Effective People*, Free Press, 2004, p. 31.
4   Barker, p. 147.
5   Ackoff, Russell L. and Daniel Greenberg, *Turning Learning Right Side Up: Putting Education Back on Track*, Upper Saddle River, New Jersey: Pearson Education, Inc., 2008; 김한얼, "게임의 룰을 바꾼 닌텐도 역발상", 동아일보 시론(2009년 4월 18일); 이형준, "생각의 관성에서 탈피하라", 이규창 및 이형준, 신나는 편지(2008년 4월 17일); 이규창, "많이 넘어진 아이가 빨리 걷습니다", 이규창 및 이형준, 신나는 편지(2008년 7월 14일); Barker; 이형준, "참외 할머니의 창의력", 이규창 및 이형준, 신나는 편지(2008년 6월 24일); 김도균, "스포츠에서 배우는 경영과 마케팅의 비법", KHDI CEO 세미나(2008년 12월 4일), 인간개발경영자연구회, 한국인간개

발연구원; 이규창, "공룡박물관과 오페라하우스", 이규창 및 이형준, 신나는
편지(2009년 6월 22일).

6 Krull, Kathleen, *Isaac Newton*, Viking, 2006, p. 48.

7 "Definition of LITERATURE", www.merriam−webster.com/dictionary/li
   terature

8 "Definition of POETRY", www.merriam−webster.com/dictionary/poet
   ry

9 "Definition of FICTION", www.merriam−webster.com/dictionary/ficti
   on

10 "Definition of DRAMA", www.merriam−webster.com/dictionary/fiction

11 Wright, Craig, *Listening to Music*, 6th edition, Schirmer, 2011, p. 8.

12 Dorling Kindersley Limited ed., *Art: Over 2,500 Works from Cave to
    Contemporary*, Dorling Kindersley Limited, 2008, p. 13.

13 "Sports", Encyclopedia Britannica, www.encyclopedia.com

14 "Humanities", Encyclopedia Britannica, www.britannica.com

15 "Social Science", Encyclopedia Britannica, www.britannica.com

16 "Natural Science", Encyclopedia Britannica, www.britannica.com

17 "Formal Sciences", Encyclopedia Britannica, www.britannica.com

지혜 7: 시너지를 추구하라

1 Covey, Stephen R., *The 7 Habits of Highly Effective People*, New York:
   Free Press, 2004.

2 Covey, p. 263.

3 Covey, p. 271.

4 Covey, p. 235.

5 Covey, p. 264.

6 Covey, p. 257.

지혜 8: 코칭 파트너가 되라

1   Whitmore, John, *Coaching for Performance: GROWing Human Potential and Purpose, The Principles and Practice of Coaching and Leadership*, 4th edition, Nicholas Brealey Publishing, 2009; 이규창·이형준, *신나는 아빠 신나는 편지*, 도솔출판사, 2008, pp. 246-247.

지혜 9: 승승사고를 가지라

1   Covey, Stephen R., *The 7 Habits of Highly Effective People: Powerful Lessons in Personal Change*, Free Press, 2004.

2   Covey, p. 220.

3   Goldwich, David, *Win-Win Negotiations: Developing the Mindset, Skills and Behaviors of Win-Win Negotiators*, Marshall Cavendish Business, 2010, Kindle Book Edition.

생각과 행동을 바꾸는 9가지 지혜
혁신지식

제1판 1쇄 발행 | 2014년 5월 26일
제1판 5쇄 발행 | 2014년 10월 6일

지은이 | 박재윤
펴낸이 | 고광철
펴낸곳 | 한국경제신문 한경BP
편집주간 | 전준석
책임편집 | 김선희 · 마수미
영업마케팅 | 배한일 · 김규형
홍보마케팅 | 정명찬 · 이진화
디자인 | 김홍신

주소 | 서울특별시 중구 청파로463
기획출판팀 | 02-3604-553~6
영업마케팅팀 | 02-3604-595, 583 FAX | 02-3604-599
H | http://bp.hankyung.com   E | bp@hankyung.com
T | @hankbp   F | www.facebook.com/hankyungbp
등록 | 제 2-315(1967. 5. 15)

ISBN 978-89-475-2959-4   03320